Eddi Andreas

BASS ENSEMBLE

Für Anfänger und Fortgeschrittene! Mit Noten & Tabulatur!

BASSLINIEN · SOLOS · AKKORDE

plus Multi-Media-Paket mit mehrstündigem Video-, Audio- und Bass Ensemble-Material zum Mitspielen!

DVD+ INSIDE

Mehr als **250** HD-Videos plus **750** Hörbeispiele & Play-Alongs (mp3)

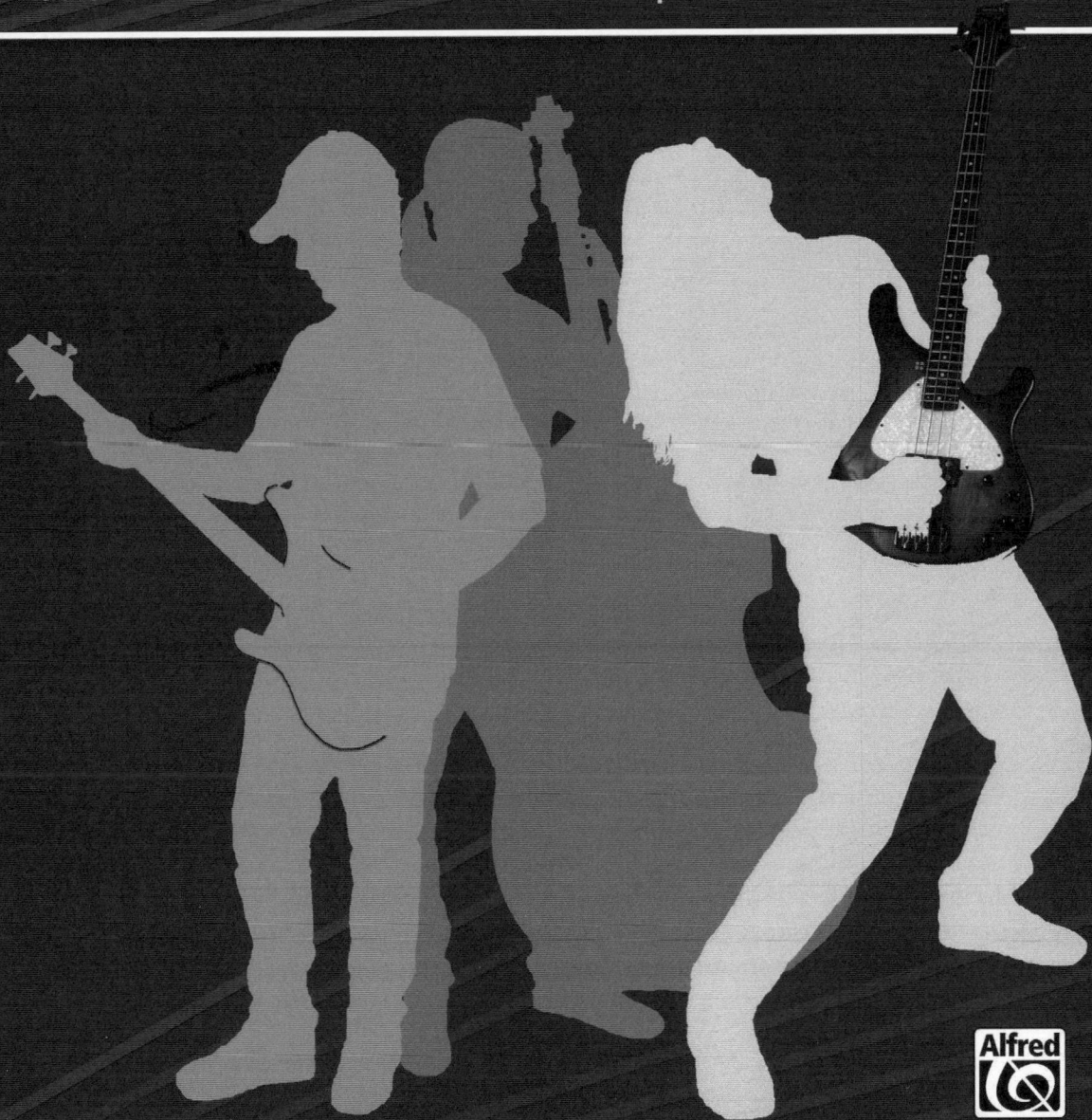

HD-Videos im MP4-Format Splitscreen

Alfred

Für Lorena,
Damian und Kilian

Danksagung

Ich habe viele tolle Basslehrer gehabt, von denen einige der wichtigsten ...

Lothar Sternke

Ed Lucie

Jäcki Reznicek

... waren. Sie haben mich nicht nur musikalisch, sondern auch menschlich besonders beeindruckt und geprägt.

Besonderer Dank gilt meiner Frau **Lorena Bernal**, die mich bei der Arbeit zu diesem Buch bedingungslos unterstützt und mir, wann immer nötig, den Rücken freigehalten hat.

Hinweis:

Der beiliegende Bild-/Tonträger ist eine **DVD mit Audio- und Video-Datenmaterial im mp3- bzw. mp4-Format**. Das bedeutet, dass er sich NUR auf mp3- bzw. mp4-kompatiblen Abspielgeräten wie Computer • MP3-Player u.ä. abspielen lässt, **NICHT aber auf herkömmlichen Audio CD-Playern oder nicht kompatiblen DVD-Playern!** Unsachgemäße Handhabung kann den Defekt eines nicht kompatiblen Abspielgerätes zur Folge haben! **Eine Haftung des Herstellers ist ausgeschlossen!**

Daten im Audioformat (mp3) sind in dem mit „Audio" benannten Ordner abgelegt. Hier findet man alle Übungsbeispiele aus den einzelnen Kapiteln inkl. Play-Alongs, Drill-Übungen, Drones (Akkordflächen), Rhythmen und natürlich Bass Ensembles. Als Videos (mp4) stehen eine Einführung, alle Übungsbeispiele und die Bass Ensembles als Splitscreen im mit „Video" benannten Ordner zur Verfügung.

Mit dem Erwerb dieses Produkts sind Sie berechtigt, die Audio- und Video-Daten für den **persönlichen, privaten Gebrauch** einzeln oder komplett auf Ihrem Rechner abzuspeichern und für Ihr MP3-kompatibles Abspielgerät (z.B. iPod, Tablet o.ä.) zur Verfügung zu stellen. Bitte beachten Sie, dass diese Kopiererlaubnis AUSSCHLIESSLICH auf den persönlichen, privaten Gebrauch beschränkt ist. Eine Weitergabe an Dritte und/oder Verarbeitung, Vervielfältigung und Verbreitung sowohl zu privaten als auch zu kommerziellen Zwecken ist ausdrücklich NICHT gestattet.

Dies gilt ebenfalls für den **Inhalt dieses Buches**, der weder vollständig noch ausschnittsweise in irgendeiner Form (Druck, Fotokopie oder einem anderen Verfahren) ohne schriftliche Genehmigung des Verlags reproduziert oder unter Verwendung elektronischer Systeme verarbeitet, vervielfältigt oder verbreitet werden darf sowie für etwaige Daten-Downloads auf der Website **www.garantiertbass.de**.

Autor und Verlag bestätigen, dass das vorliegende Buch und die beiliegende DVD sorgfältig erarbeitet und einer mehrmaligen, gewissenhaften Kontrolle unterzogen worden ist. Sollten Sie dennoch einen Fehler entdecken, würden wir uns über eine kurze Nachricht freuen.

Alfred Music
LEARN · TEACH · PLAY

© 2018 by **Alfred** Music Publishing GmbH
info@alfredverlag.de
alfredverlag.de | **garantiertbass.de**
Alle Rechte vorbehalten!
Printed in Germany

Covermotiv: Eddi Andreas
Covergestaltung: Thomas Petzold
Notensatz: Eddi Andreas, Thomas Petzold
Produktionsleitung/Lektorat: Thomas Petzold
Art.-Nr.: 20206G (Buch / DVD+)
ISBN-13: 978-3-943638-37-0
ISBN-10: 3-943638-37-5

Fotos: Lorena Bernal
Audio- und Video-Produktion: Eddi Andreas
Keyboards: Lina Santos
Gitarre: Katalina Gonzalez
Bass: Eddi Andreas (www.eddiandreas.com)
Alle Hörbeispiele, Videos und Fotos wurden mit einem **Sandberg Basic** aufgenommen.

WILLKOMMEN ZU *BASS ENSEMBLE!*

Wenn du dieses Buch in Händen hältst, bist du wahrscheinlich auf der Suche danach, ein besserer Musiker zu werden und all das, was du hörst und fühlst, auf dem Bass ausdrücken zu können. Mit diesem Buch öffnest du die Türen, um Zusammenhänge von Akkorden und Tonleitern zu verstehen, sie in jeder Position auf dem Griffbrett zu spielen und dadurch die **Freiheit zu erlangen, Basslinien, Solos und Akkordbegleitungen nach deinem Geschmack zu erstellen.**

BASS ENSEMBLE besteht gleichzeitig aus drei Büchern: **BASSLINIEN • SOLOS • AKKORDE.**

- Das Besondere an diesem Buch sind die *BASS ENSEMBLES:*
  In jedem Kapitel gibt es Beispiele, in welchen zwei oder drei Bässe gleichzeitig Akkorde, Basslinien und Solos spielen. So lernst du Musik von allen verschiedenen Ebenen aus, es macht besonders viel Spaß und es wird stets eine Verbindung zwischen den drei Bereichen hergestellt. Übungen, die in einem dieser Ensembles enthalten sind, werden mit dem **Buchstaben E** und diesem Symbol gekennzeichnet:

- **Wenn du Anfänger bist,** empfehle ich dir, zuerst nur die Kapitel zum Thema **Basslinien** durchzuarbeiten, da die Aufgabe eines Bassisten in einer Band hauptsächlich aus Begleitung besteht. Später wendest du das gleiche Wissen auf die Kapitel zum Thema **Solos** an. Während eines Rockkonzerts bekommt der Bassist vielleicht nur die Möglichkeit zu einem einzigen Solo, aber in einer Jazzband kann jedes Stück ein Bass-Solo enthalten. Zuletzt widmest du dich dem Thema **Akkorde:** Da der Bass dickere Saiten hat als andere Instrumente und Akkorde mit mehreren Fingern gleichzeitig gegriffen werden, ist dies in technischer Hinsicht der anspruchsvollste Teil.

- **Wenn du schon länger Bass spielst,** empfehle ich dir, das Buch in der gedruckten Reihenfolge durchzuarbeiten. So wendest du jedes vorgestellte Konzept zuerst auf **Basslinien,** dann auf **Solos** und schließlich auf **Akkorde** an. So sieht eine ideale Unterrichtsstunde für Fortgeschrittene aus: Es wird nicht nur ein Thema behandelt, sondern das Erlernte sofort in verschiedenen Bereichen angewendet.

Die Beispiele und Übungen in diesem Buch sind wertlos ...

... **solange du sie nur nachspielst.** Klar, Nachmachen und Nachspielen gehören zum Lernprozess dazu, aber dieses Buch hat einen Anspruch weit darüber hinaus. Als Autor präsentiere ich hier möglichst musikalische Beispiele, erprobt und bewährt in meiner Arbeit als professioneller Musiker. Dein Ziel muss es aber sein, es **besser** zu machen. Natürlich ist Musik keine Sportart und „besser" heißt nicht „schneller spielen". In diesem Zusammenhang sollte „besser" bedeuten, dass du Musik erschaffst, die dir noch besser gefällt als das jeweilige Beispiel im Buch.

Ich empfehle dir, jedes Beispiel zuerst in aller Ruhe anzuhören. Versuche dann, es so gut wie möglich nachzuspielen mithilfe deines Gehörs, der Noten, der Tabulatur oder des Videos. Sollte ein Beispiel zu schnell sein, spiele es einfach langsamer; es geht hier – wie gesagt – nicht um Leistungssport. Das Wichtigste ist, dass du das Konzept in einem Beispiel erkennst, beispielsweise eine bestimmte Tonleiter oder Griffweise, die im Kapitel vorgestellt wird, und du damit deine eigene Version erstellst. Wenn du nicht nachvollziehst, warum in einem Beispiel diese oder jene Töne verwendet werden, wirst du das Erlernte nicht auf deine eigenen Basslinien, Solos, Akkorde und Songs anwenden können, weder bei den Proben noch bei Auftritten mit deiner Band.

Die meisten Kapitel enthalten am Ende eine Sektion namens **Hier spielt die Musik:** Dort findest du Ideen, wie du das Erlernte aus dem aktuellen Kapitel auf Beispiele aus vorigen Kapiteln anwenden und üben kannst. So ziehst du den maximalen Nutzen aus diesem Buch!

Im *Anhang (Kapitel 13)* finden sich sogenannte **Drill-Übungen** mit den verschiedensten Akkorden, die du auch dann schon spielen kannst, bevor du das ganze Buch durchgearbeitet hast.

INHALTSVERZEICHNIS

HINWEISE ZU DIESEM BUCH

- Für **Fragen zum Buch** und zum Austausch mit dem Autor und anderen Bassisten steht ein Forum zur Verfügung unter **eddiandreas.com**.

- **Zahlen in den Griffbildern** stellen immer die Reihenfolge der Töne (Intervalle) dar. Die Ziffer **1** bezeichnet also den **ersten Ton** einer Tonleiter und so fort. Die Zahlen stellen NICHT die Finger der Greifhand dar. Hinweise zur Greifhand finden sich in den Fotos und im Notenbild mit der Abkürzung GH.

- **Tabulaturen und Angaben zur Greifhand** sind Empfehlungen, keine in Stein gemeißelten Gesetze. Andere Griffweisen sind möglich!

- Im deutschsprachigen Raum setzt sich – zumindest in der modernen Musik – immer mehr die **Bezeichnung der Töne nach dem Alphabet** durch. Die Namen der sieben Stammtöne lauten demnach: A B C D E F G. Aus diesem Grund benutzt dieses Buch NICHT die klassische deutsche Bezeichnung H für den Ton B. Erhöhte und erniedrigte Töne werden im Deutschen traditionell mit den Endungen -is und -es bezeichnet; dieses Buch verwendet jedoch durchgängig die Akkord-symbol-Schrift mit den Zeichen „#" (Kreuz) und „♭" (Be), also Cis = C# und Des = D♭.

- Übungen aus dem Bereich **Basslinien** sind mit dem **Buchstaben B** benannt, aus dem Bereich **Solos** mit dem **Buchstaben S**, und aus dem Bereich **Akkorde** mit dem **Buchstaben A**. Zu jeder Übung finden sich auf der DVD ein Video (MP4) und zwei Audios: Ein MP3 zum Anhören und ein weiteres MP3 ohne Bass zum Selber-Mitspielen *(Play-Along)*. **Drill-Übungen** werden mit dem **Buchstaben D** abgekürzt und sind naturgemäß nur *Play-Alongs*.

- Des Weiteren enthält die DVD sogenannte *Drones* (MP3). Dabei handelt es sich um Akkorde, welche ohne Rhythmus mehrere Minuten lang gehalten werden, um dazu in aller Ruhe bestimmte Tonleitern und ähnliches üben zu können. Ebenso enthalten sind **Schlagzeug-Rhythmen** in verschiedenen Geschwindigkeiten.

- Ich hänge keinem Dogma **Pro oder Kontra Leersaiten** an, halte es aber für hilfreich, eine Basslinie auf beide Weisen spielen zu können. Idealerweise sollten Klang und Spielbarkeit die Entscheidung für oder gegen Leersaiten beeinflussen. Das bedeutet, dass diese Entscheidung in jedem Einzelfall neu getroffen werden sollte.

- In den **Swing- und Reggae**-Beispielen werden die Achtelnoten *triolisch* interpretiert. Vereinfacht erklärt bedeutet das: Achtel, welche auf die Zählzeiten fallen, werden etwas länger als normal gespielt, und Achtel, welche zwischen die Zählzeiten fallen, etwas kürzer.

- **Ist der Plural von Solo „Solos" oder „Soli"?** Im Deutschen geht beides. Die Form „Soli" stammt aus dem Italienischen und wird eher von klassisch ausgebildeten Musikern verwendet. Da der Ursprung moderner Musik im Blues liegt, welcher in den USA entstand, bevorzuge ich in diesem Buch den englischen Plural „Solos".

- **Es gibt weder richtige noch falsche Töne!** Es gibt lediglich Töne, welche unser Ohr als melodisch wahrnimmt oder als unpassend, oder irgendwo dazwischen als merkwürdig. Musiker benutzen dafür gerne die Begriffe konsonant, dissonant und interessant. Es ist wichtig zu verstehen, dass ein dissonanter Ton nicht unbedingt ein falscher Ton ist. Für eine Szene in einem Horrorfilm kann ein dissonanter Klang genau die richtige Untermalung sein.

KAPITEL	BASSLINIEN	SOLOS	AKKORDE
1	Einführung, Grundton, Oktave, Wechselbass	Einführung, Grundton, Oktave, Wechselbass	Einführung, Power-Akkord
2	Dur-Dreiklang	Dur-Dreiklang	Dur-Dreiklang
3	Dur-Tonleiter,Finger 2' (F♯, B), Tonart	Dur-Tonleiter,Finger 2', Dur-Tonleiter in Dreier-Gruppen	Dur-Dreiklang mit Oktave
4	Dur-Tonleiter,Bund 1 und Finger 2 mit Leersaiten' (B♭, F, C, G, E♭), Dur-Tonart (Stufen I, IV, V), Einführung Chromatik	Dur-Tonleiter,Finger 2', Dur-Tonleiter in Vierer-Gruppen	Dur-Dreiklang mit oktavierter Terz
5	Dur-Tonleiter,Leersaite'(A, E, D)	Dur-Tonleiter,Finger 1' (A, E, D), Dur-Tonleiter in Terzen	Dur-Dreiklang 2. Umkehrung
6	Dur-Tonleiter,Finger 4' (A♭, D♭)	Dur-Tonleiter,Finger 4' (A♭, D♭), Dur-Tonleiter in Quarten	Dur-Dreiklang mit Quinte und oktavierter Terz, verschiedene Kombinationen
7	Moll-Tonleiter,Leersaite' (A, E, D), Moll-Tonleiter,Finger 1' (F, B♭, E♭), Moll-Dreiklang, Moll-Tonart (Stufen I, IV)	Moll-Tonleiter,Finger 1' (A, E, D, F, B♭, E♭), Moll-Tonleiter in Dreier-Gruppen	Moll-Dreiklang (Grundstellung, 2. Umkehrung)
8	Moll-Tonleiter,Bund 2 und 3 mit Leersaiten' (B, F♯, C, G), Moll-Tonart (Stufen I, V)	Moll-Tonleiter,Finger 2' (B, F♯, C, G), Moll-Tonleiter in Vierer-Gruppen	Moll-Dreiklang mit Oktave, Moll-Dreiklang mit oktavierter Terz
9	Moll-Tonleiter,Finger 4' (G♯, C♯), Moll-Tonart (Stufen I, III, IV), parallele Tonleitern	Moll-Tonleiter,Finger 4' (G♯, C♯), Moll-Tonleiter in Terzen und Quarten, parallele Tonleitern	Moll-Dreiklang mit Quinte und oktavierter Terz, verschiedene Kombinationen
10	Dur-Pentatonik, Stufenakkorde in Dur-Tonart, verminderter Dreiklang	Dur-Pentatonik	Stufenakkorde in Dur-Tonart, verminderter Dreiklang
11	Moll-Pentatonik, Blues-Tonleiter, Stufenakkorde in Moll-Tonart	Moll-Pentatonik, Blues-Tonleiter, parallele Pentatoniken, Stufenakkorde in Moll-Tonart	Stufenakkorde in Moll-Tonart
12	Mischung von Tonarten („Modal Interchange"), Vierklänge (Septakkorde), Stufen-Septakkorde	Mischung von Tonarten („Modal Interchange")	Stufen-Septakkorde, Septakkorde mit oktavierter Terz
13	Drill-Übungen		

TÖNE AUF DEM GRIFFBRETT FINDEN

Um sich auf dem Griffbrett zurechtzufinden, empfehle ich, die Töne B, C, E, F als **Quadrat** zu betrachten. Dieses Quadrat wiederholt sich mehrere Male und enthält bereits *vier* der sieben *Stammtöne*. Es ist auch ein guter Ausgangspunkt, um die restlichen drei Stammtöne aufzufinden. Um einen Ton zu erhöhen (♯) oder zu erniedrigen (♭), muss man ihn lediglich um einen Bund nach oben oder nach unten verschieben. Wie in der Griffbrett-Übersicht zu erkennen, liegen die beiden Beispiel-Töne C♯ und D♭ im selben Bund. Es handelt sich um den gleichen Ton, der zwei verschiedene Namen hat.

Griffbrett-Übersicht mit B C E F-Quadrat

GRIFFBILDER

Alle Griffbilder in diesem Buch zeigen das Griffbrett ab dem ersten Bund (oder ab der Oktave in Bund 12, dem Bund mit dem Doppelpunkt). Griffbilder, die weit vom ersten Bund entfernt sind, enthalten zur besseren Orientierung eine römische Ziffer als sogenannte Bundzeichnung: Das ist derjenige Bund, in welchem sich normalerweise der erste Finger der Greifhand befindet.

BUNDBEZIFFERUNG

Römische Ziffer	Bundzahl
I.	1. Bund
II.	2. Bund
III.	3. Bund
IV.	4. Bund
V.	5. Bund
VI.	6. Bund
VII.	7. Bund
VIII.	8. Bund
IX.	9. Bund
X.	10. Bund
XI.	11. Bund
XII.	12. Bund
XIII.	13. Bund
XIV.	14. Bund
XV.	15. Bund
XVI.	16. Bund
XVII.	17. Bund
XVIII.	18. Bund
XIX.	19. Bund
XX.	20. Bund
XXI.	21. Bund
XXII.	22. Bund
XXIII.	23. Bund
XXIV.	24. Bund

TRANSPOSITIONSTABELLE BIS ZUM 12. BUND

Tonart	Grundton auf B-Saite	Grundton auf E-Saite	Grundton auf A-Saite	Grundton auf D-Saite	Grundton auf G-Saite
C	I.	VIII.	III.	X.	V.
C♯/D♭	II.	IX.	IV.	XI.	VI.
D	III.	X.	V.	XII.	VII.
D♯/E♭	IV.	XI.	VI.	I.	VIII.
E	V.	XII.	VII.	II.	IX.
F	VI.	I.	VIII.	III.	X.
F♯/G♭	VII.	II.	IX.	IV.	XI.
G	VIII.	III.	X.	V.	XII.
G♯/A♭	IX.	IV.	XI.	VI.	I.
A	X.	V.	XII.	VII.	II.
A♯/B♭	XI.	VI.	I.	VIII.	III.
B	XII.	VII.	II.	IX.	IV.

Viersaiter

Fünfsaiter

BASSLINIEN 1
EINFÜHRUNG, GRUNDTON, OKTAVE, WECHSELBASS

Die Rolle des Bassisten besteht hauptsächlich aus Begleitung, weshalb sie von Nichtmusikern oft unterschätzt wird, sowohl in ihrer Bedeutung als auch in ihrer Schwierigkeit. So mancher Rockfan würde sich wundern, wenn er seine Lieblingsband einmal ohne den vollen Bass-Klang zu hören bekäme. Was eine gute Begleitung ausmacht, ist jedoch in jedem Musikstil verschieden. Besonders im Jazz und im Jazz-Fusion kann die begleitende Rolle das Bassisten so anspruchsvoll sein, dass sie in kreativer, harmonischer und rhythmischer Hinsicht einem Solisten in nichts nachsteht und die Übergänge von Begleitung zu Solo fließend sind. Bei aller Begeisterung für Bass-Solos sollten wir jedoch nicht vergessen, dass wir zuerst für das Fundament einer Band sorgen müssen. Auf einen soliden Bass-Groove möchte niemand verzichten, und ein Bassist, der von Harmonie Ahnung hat und sich in verschiedenen Stilen zuhause fühlt, kann sich vor Anfragen kaum retten.

DER GRUNDTON

Beginnen wir mit dem Einfachsten: Der *Grundton* ist der erste und wichtigste Ton eines Akkordes und bestimmt dessen Namen. In vielen Songs, besonders im Pop und Rock, spielt der Bass ausschließlich Grundtöne. Dies gibt dem Bassisten große Verantwortung und auch Macht: Solltest du plötzlich einen anderen Grundton spielen, nimmt unser Gehör alle anderen Töne im Verhältnis dazu wahr, und somit können das Solo des Gitarristen oder die Melodie des Sängers schöner oder hässlicher klingen (konsonant oder dissonant) oder einfach anders. Jazz-Bassisten tun dies mit Absicht und wissen im Voraus, wie ein anderer Grundton die Harmonie verändert. Wenn du jedoch in einer Rockband plötzlich andere Grundtöne spielst, kannst du mit irritierten bis bösen Blicken der Mitmusiker rechnen, da die meisten Bands ihre Songs dem Publikum genau so präsentieren wollen, wie sie vorher geprobt wurden.

Im ersten Beispiel spielt der Bass nur den Ton C, welcher der Grundton des Akkordes C-Dur ist. Die Schreibweise für diesen Akkord auf dem Notenblatt ist einfach ein „C" (über der ersten Note). Da kein weiterer Akkord angegeben ist, gilt der Akkord C-Dur für die gesamte Länge des Beispiels.

B1.1 Grundton

Das nächste Beispiel enthält ebenfalls nur den Grundton, aber in einer anderen Rhythmik.

E1 Der **Buchstabe E** und dieses Symbol verweisen auf ein **Bass-Ensemble** (Audio- und Video-Dateien auf der DVD, in welchen mehrere Bässe gleichzeitig Basslinien, Akkorde und Solos spielen).

B1.2 Grundton

DIE OKTAVE

Jeder Ton existiert in verschiedenen Oktaven, also in niedriger oder hoher Tonlage. Nun kombinieren wir den Grundton mit einer höheren Tonlage. Merke dir dafür diese **Regel:**

Vom Grundton ausgehend, zwei Saiten plus zwei Bünde höher, findet sich immer die Oktave.

In unserem Beispiel gelangen wir somit vom Ton C (A-Saite, Bund 3) zur Oktave C (G-Saite, Bund 5).

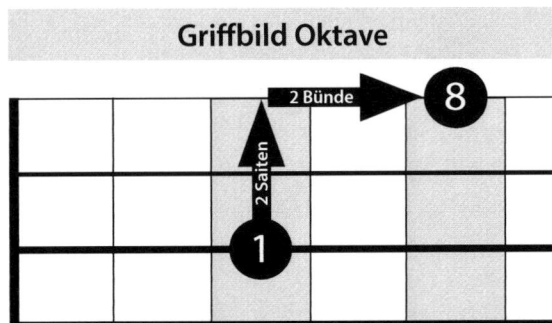

Griffbild Oktave

Das Griffbild zeigt die Lage des Grundtons (1) und der Oktave (8). Das gleiche Griffbild kann auch auf andere Töne oder Bünde angewendet werden.

Die oberste Linie des Diagramms stellt die G-Saite (dünnste Saite) dar, die unterste Linie die E-Saite (dickste Saite). Die *grauen Felder* sind diejenigen Bünde, welche auf den meisten Bässen mit einem Punkt gekennzeichnet sind.

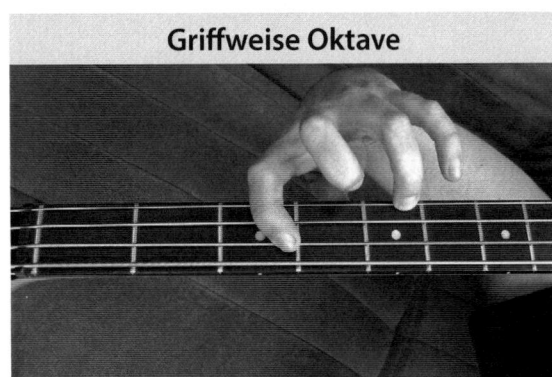

Griffweise Oktave

Auf dem Foto zu sehen sind der Ton C und seine Oktave, gespielt mit den **Fingern 1 und 3.**

1 = Zeigefinger
2 = Mittelfinger
3 = Ringfinger
4 = Kleiner Finger

Griffweise ‚Kontrabass' (enge Lage)

Aus Gründen der Bequemlichkeit ist es auch möglich, die **Finger 1 und 4** zu benutzen. Dies entspricht der Griffweise auf dem Kontrabass und wird auf dem E-Bass auch ‚enge Lage' genannt.

In seltenen Fällen kann die Kombination der **Finger 2 und 4** sinnvoll sein.

Auf den Fotos in diesem Buch krümme ich oftmals die nichtbenutzten Finger ab, um ersichtlich zu machen, welche Finger zum Greifen verwendet werden.

Viele Disco-Songs der 1970er Jahre basieren auf Basslinien, die einem strikten Schema Grundton-Oktave folgen, wie *Atomic* von **Blondie**. Aber auch in anderen Musikarten findet sich dieses Konzept, beispielsweise im Song *Uprising* der Rockband **Muse** oder dem Synthesizer-Bass in *Let the Dream Come True* von **DJ BoBo** (und vielen anderen Hits des Eurodance-Stils der 1990er Jahre).

B1.3 Grundton und Oktave

Viele Basslinien im **Funk-Stil** verwenden Oktaven. Rhythmisch basiert der Funk auf Sechzehnteln, oder anders gesagt: Jede Zählzeit kann in vier kleinere Notenwerte unterteilt werden. **B1.4** ist eine Rhythmus-Übung, die auf das Funk-Beispiel **B1.5** vorbereiten soll.

Jeder Takt der Übung **B1.4** besteht aus vier Zählzeiten, welche viele Musiker mit dem Fuß klopfen oder auch beim Üben laut mitzählen. Der erste Takt enthält auf der ersten Zählzeit vier Sechzehntel der Note C, und auf der zweiten Zählzeit vier Sechzehntel der Oktave von C. Die Zählweise habe ich unter die Noten geschrieben: „Eins-e-und-e, Zwei-e-und-e." Die dritte und vierte Zählzeit bestehen aus einer Pause.

Im zweiten Takt habe ich von den ersten vier Sechzehnteln nun die dritte und vierte Note weggelassen. Auch von den folgenden vier Sechzehnteln (Oktave C) habe ich die dritte und vierte weggelassen. Die Silben „und-e" sind deshalb eingeklammert. Wenn du willst, kannst du sie weiterhin laut mitzählen.

In der zweiten Notenzeile findet sich fast die gleiche Übung, nur dass ich diesmal im letzten Takt von den vier Sechzehnteln jeweils die ersten beiden weggelassen habe, weshalb die Silben „Eins-e" und „Zwei-e" eingeklammert sind.

B1.4 Grundton und Oktave (Rhythmus-Übung für Funk-Sechzehntel)

Hier nun das „richtige" Funk-Beispiel. Ähnliche Funk-Basslinien, die auf Sechzehntel-Paaren basieren, findest du in *You Oughta Know* von **Alanis Morisette** (mit dem Bassisten **Flea** der **Red Hot Chili Peppers**), *Hot Pants* von der Funk-Legende **James Brown** oder im Schlussteil des Songs *Still In Love With You* von **Thin Lizzy**.

B1.5 Grundton und Oktave

Die meisten Songs enthalten mehrere Akkorde, man spricht dann von einer *Akkordfolge* oder *Progression*. Das folgende Beispiel verwendet die Akkorde C-Dur und G-Dur. Der Grundton des Akkordes G-Dur ist logischerweise der Ton G.

Basslinien, welche aus Grundtönen im Achtelnoten-Rhythmus bestehen, finden sich beispielweise in den Pop-Songs *With or Without You* von **U2** oder *Every Breath You Take* von **The Police** und in Rock-Songs wie *Thunderstruck* von **AC/DC** oder *Smoke on the Water* von **Deep Purple** (während des berühmten Gitarrenriffs).

B1.6 Grundtöne in Akkordfolge

Du entscheidest, in welcher Oktave (Tonhöhe) du diese Töne spielen möchtest. (Außer wenn du nach Noten spielst oder ein musikalischer Leiter eine bestimmte Oktave wünscht.) In diesem Beispiel habe ich mich entschieden, den Grundton des Akkordes G-Dur eine Oktave höher zu spielen. Die Basslinie klingt nun ein wenig heller, aber harmonisch gesehen macht es keinen Unterschied.

B1.7 Grundtöne in anderer Oktave

Die folgende Übung wechselt im jeweiligen Akkord mehrmals zwischen dem Grundton und der Oktave. Wenn man das ständig macht, wird dieser Effekt schnell langweilig, aber wenn man es nur in einem Teil eines Songs anwendet, kann es interessant sein. Gute Beispiele dafür sind die Rock-Songs *Everlong* von den **Foo Fighters** und *My Sharona* von **The Knack**.

B1.8 Grundton und Oktave (Akkordfolge)

DER WECHSELBASS

Schon bevor wir uns mit Akkorden und Tonleitern vertraut machen, möchte ich ein weiteres einfaches, aber wirkungsvolles Konzept für Basslinien vorstellen: den *Wechselbass*. Um den Ton für den Wechselbass auf dem Griffbrett zu finden, gilt die **Regel:**

Vom Grundton ausgehend liegt der Wechselbass-Ton im gleichen Bund, aber eine Saite tiefer.

Im nächsten Beispiel spielen wir also den Grundton C (A-Saite, Bund 3) und wechseln dann eine Saite tiefer zum Ton G (E-Saite, Bund 3).

Griffbild Wechselbass

Das Griffbild zeigt die Lage des Grundtons (1) und des Wechselbass-Tons (W).

Die klassische Griffweise besteht darin, mit dem **gleichen Finger** immer zwischen beiden Saiten hin und her zu springen.

Griffweise Wechselbass (Finger 2 und 1)

Die Fotos zeigen, wie man den Wechselbass auch mit zwei verschiedenen Fingern im gleichen Bund greifen kann, hier mit den **Fingern 2 und 1.**

Viele Bassisten finden diese Griffweise bequemer, besonders wenn man einen ganzen Song hindurch Wechselbass spielt.

Griffweise Wechselbass (Finger 4 und 3)

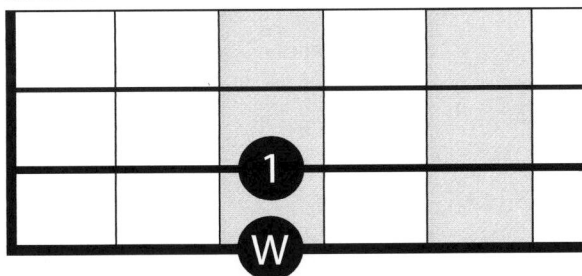

Probiere es auch mit den **Fingern 4 und 3.**

B1.9 Wechselbass abwärts

Bossa Nova

C

Nicht nur im Bossa Nova, auch in anderen Stilen finden sich gleiche oder ähnliche Linien mit Wechselbass, beispielsweise im Rock-Song *Cocaine* von **Eric Clapton**.

Vom Grundton aus gesehen, schaffen wir mit diesem Wechselbass eine musikalische Abwärtsbewegung. Wir können das gleiche Konzept auch für eine Aufwärtsbewegung nutzen, indem wir
den Wechselbass-Ton eine Oktave höher spielen. Hierfür gilt die **Regel:**

Vom Grundton ausgehend, liegt der Wechselbass-Ton eine Saite plus zwei Bünde höher.

In unserem Beispiel des Akkordes C-Dur gelangen wir also vom Grundton C (A-Saite, Bund 3) eine
Saite und zwei Bünde höher zum G (D-Saite, Bund 5). Erneut handelt es sich beim Wechselbass-Ton
um ein G, nur diesmal eine Oktave höher.

Griffbild Wechselbass (aufwärts)

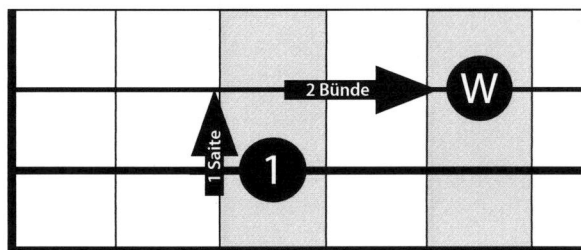

Griffweise Wechselbass aufwärts (Finger 1, 3)

Griffweise Wechselbass aufwärts (Finger 1, 4) – Enge Lage –

Genau wie bei der Oktave, so kann auch der
Wechselbass (aufwärts) mit den **Fingern 1 und 3**
oder in der engen Lage mit den **Fingern 1 und 4**
gegriffen werden.

In manchen Fällen kann auch ein Greifen mit
den **Fingern 2 und 4** sinnvoll sein.

B1.10 Wechselbass aufwärts

Bossa Nova

Im Song *Walk of Life* der Band **Dire Straits** basiert die Basslinie größtenteils auf einem aufwärts
gespielten Wechselbass.

Wechselbass bedeutet streng genommen, dass der Bass immer nur zwischen zwei Tönen wechselt.
Dieses Konzept wird oft wegen seiner Einfachheit belächelt, besonders wenn es sich um volkstümliche
Musik oder Schlager handelt. Im Bossa Nova klingt der Wechselbass hingegen recht elegant. Nun
möchte ich das Konzept erweitern und den Grundton sowohl mit dem Wechselbass als auch mit
der Oktave kombinieren. Viele Basslinien lateinamerikanischer Musik verwenden dieses Mittel, unter
anderem die sogenannten „Tumbaos" aus Kuba.

Griffbild Wechselbass und Oktave

Griffweise Wechselbass und Oktave (Finger 1, 3, 4)

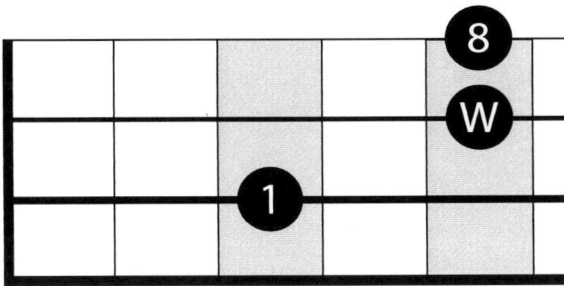

B1.11 stellt eine Rhythmus-Übung dar, welche auf das Salsa-Beispiel **B1.12** vorbereiten soll:

- Der **A**-Teil zeigt eine rhythmische Figur, wie sie auch im Bossa Nova vorkommt. Es werden Grundton, Wechselbass und Oktave verwendet.

- Im **B**-Teil werden die zweite und dritte Note des Taktes zusammen gebunden. Dadurch entsteht eine Betonung auf der Zählzeit „und", welche typisch für viele Musikstile aus Lateinamerika ist.

- Im **C**-Teil wird auf die letzte Zählzeit des Taktes nun der Grundton (oder die Oktave) gespielt.

- Im **D**-Teil wird die Zählzeit „Vier" zum Grundton (oder der Oktave) des folgenden Taktes übergebunden. Dies stellt die größte Schwierigkeit dar, weil nun die erste Zählzeit des Taktes nicht mehr angespielt wird. Aus diesem Grund habe ich den jeweils ersten Ton des Taktes in Klammern gesetzt. Es kann hilfreich sein, die Zählzeit „Eins" beim Üben laut auszusprechen.

B1.11 Wechselbass und Oktave (Rhythmus-Übung für Salsa)

Hier nun das „richtige" Salsa-Beispiel. Sollte es rhythmisch gesehen beim ersten Mal nicht so „rund" laufen, ist das nicht weiter schlimm. Wichtig ist, dass du die Anwendung von Wechselbass und Oktave nachvollziehst.

B1.12 Wechselbass und Oktave **E4**

Salsa
C

Im folgenden Beispiel habe ich in den ersten drei Takten den Wechselbass aufwärts gewählt (höhere Tonlage), im letzten Takt hingegen abwärts (niedrigere Tonlage). Solltest du den Rhythmus als kompliziert empfinden, empfehle ich die Wiederholung der vorbereitenden Übung **B1.4** (*vgl. S. 11*).

B1.13 Oktave und Wechselbass

Funk
C

Eins - e (und 2) und - e (3 4) und - e   usw.

Bislang haben wir den Wechselbass nur auf einen einzigen Akkord angewendet, aber natürlich funktioniert er auch mit Akkordfolgen.

B1.14 Wechselbass aufwärts (Akkordfolge) **E5**

Bossa Nova
C   G   C   G

Die Bassfigur aus **B1.14** wird sehr häufig im Bossa Nova-Stil verwendet, unter anderem im Stück *Desafinado* in der Interpretation von **Stan Getz & Charlie Byrd**. Aber auch in anderen Stilen wie Pop und Rock kommt diese Art von Basslinien vor, beispielsweise in *Rikki Don't Lose That Number* von **Steely Dan**.

Wenn wir die Aufwärts- mit der Abwärtsbewegung kombinieren, könnte das Beispiel so aussehen:

B1.15 Wechselbass auf- und abwärts (Akkordfolge)

Am letzten Beispiel kann man gut erkennen, dass der gleiche Ton je nach Zusammenhang eine andere harmonische Funktion erfüllen kann. Für den ersten Takt gilt der **Akkord C-Dur**: Der Ton G ist hier der *Wechselbass-Ton*. Der zweite Takt wiederholt den gleichen Ton G: Da aber für den zweiten Takt der **Akkord G-Dur** gilt, erfüllt der Ton G hier die Funktion des *Grundtons*.

Die Basslinie in *Love Me Do* der **Beatles** funktioniert genauso, nur dass die Akkordfolge mit G beginnt.

HIER SPIELT DIE MUSIK

☐ **B1.1 Play-Along** – Verwende den Grundton C, erfinde aber einen anderen Rhythmus.

☐ **B1.8 Play-Along** – Erfinde eine Basslinie mit Wechselbass.

☐ Übe Bossa Nova-Basslinien mit Wechselbass mithilfe der Drill-Übungen **D13.1** bis **D13.6** im *Anhang* (*Kapitel 13*).

HINWEIS
Du kannst alle Übungen dieses Buches auf die Drill-Übungen im Anhang übertragen, auch wenn ich nicht in jedem Kapitel ausdrücklich darauf hinweise.

SOLOS 1
EINFÜHRUNG, GRUNDTON, OKTAVE, WECHSELBASS

Der Begriff *Solo* beschreibt in der modernen Musik selten einen Musiker, der ganz alleine spielt, sondern meist die Situation, in welcher ein Musiker die Hauptrolle spielt und von den Mitmusikern begleitet wird. Es gibt viele Möglichkeiten, ein Bass-Solo zu spielen, aber für die meisten modernen Bassisten ist dabei erstrebenswert, die begleitende Funktion zu verlassen, um sich als Solist von den Mitmusikern abzuheben. Sowohl die Begleitung als auch das Solo können festgelegt (komponiert) oder spontan erfunden (improvisiert) sein.

Ob du Basslinien und Solos komponieren oder improvisieren willst, ist für die Arbeit mit diesem Buch unerheblich. Die wenigsten Musiker improvisieren wirklich in dem Sinne, dass sie auf der Bühne ein Experiment anstellen und einfach losspielen, ohne zu wissen, was dabei herauskommen wird. Die allermeisten Musiker greifen bei ihrer Improvisation auf Ideen und Tonleitern zurück, die sie fleißig geübt haben und von denen sie wissen, dass sie in einem bestimmten Song oder bei bestimmten Akkorden funktionieren und nach ihren Vorstellungen klingen.

Fast alle Beispiele für Solos stelle ich in hoher Tonlage vor, ungefähr ab dem zwölften Bund aufwärts. Nach meiner Erfahrung kommen wir Bassisten damit besser zurecht, weil die Töne sich dort abheben und melodischer klingen als in der tiefen Tonlage, welche meist für Basslinien zur Begleitung verwendet wird.

Es gibt auch eine physikalische Erklärung dafür: Zwischen hohen Tönen liegen mehr Frequenzen als zwischen tiefen.

Ein Beispiel:
Die Töne E (Leersaite) und F (E-Saite, Bund 1) entsprechen 41 und 43 Hertz. Die gleichen Töne in hoher Tonlage, E (G-Saite, Bund 21) und F (G-Saite, Bund 22), entsprechen 329 und 349 Hertz, haben dort somit einen größeren Frequenz-Abstand voneinander. Sie „reiben" sich weniger. Viele Melodien und auch Akkorde klingen dadurch klarer.

DER GRUNDTON

Wie schon bei den Basslinien, beginnen wir mit dem Grundton. Der zwölfte Bund ist mit einem Doppelpunkt markiert und ist der gleiche Ton wie die Leersaite, aber eine Oktave höher. Ab diesem Bund wiederholen sich alle Töne, nur eben eine Oktave höher. Zur Veranschaulichung hier der Ton C (G-Saite, Bund 5) und der gleiche Ton C eine Oktave höher (G-Saite, Bund 17), sozusagen in „Bund 5 nach dem Doppelpunkt":

Grundtonverschiebung | 12 Bünde (Oktave) höher

Höre und spiele nun das folgende Beispiel. „**8va**" bedeutet, dass alle Noten für die Dauer der gestrichelten Linie eine Oktave höher gespielt werden. Dadurch werden unübersichtliche Hilfslinien vermieden. Die Tabulatur zeigt hingegen die realen Bünde an, in diesem Beispiel den Ton C in Bund 17 (G-Saite).

S1.1 Grundton

Zwar habe ich den Grundton zwei Oktaven höher gespielt als in der Basslinie, trotzdem lässt das Beispiel den Charakter eines Solos vermissen. Das liegt auch daran, dass wir Bassisten es gewöhnt sind, für das rhythmische Fundament der Band zu sorgen und die schweren Zählzeiten des Rhythmus' zu betonen. Wenn wir uns als Solist von der restlichen Band abheben wollen, ist es jedoch von Vorteil, nicht dem Rhythmus der Mitmusiker zu folgen.

S1.2 stellt eine rhythmische Übung dar: Im ersten Takt werden alle vollen Zählzeiten gespielt (Viertelnoten), im zweiten Takt alle Zählzeiten sowie die dazwischenliegenden Noten (Achtelnoten), im dritten Takt schließlich nur noch jede zweite Achtelnote, also nur noch die sogenannten *offbeats* (englisch, wortwörtlich „weg vom Schlag") auf die Silben „und".

S1.2 Grundton (Rhythmus-Übung)

Das Beispiel **S1.3** enthält mehrere rhythmische Ideen, die sich deutlich von der Begleitung abheben. Dabei werden schwere Zählzeiten und *offbeats* gemischt. Es ist nun klarer, wer als Solist auftritt.

S1.3 Grundton, rhythmische Variationen E1

Staccato: Der Punkt über oder unter einer Note bedeutet, dass diese Note nur ganz kurz angespielt wird, also nicht ausklingt.

Wenn wir es mit mehreren Akkorden zu tun haben, können wir einfach den Grundton des jeweiligen Akkordes verwenden. Das Interessante am Solospiel ist, dass es uns mehr Freiheit lässt als das Spielen von Basslinien. Vom Bass in seiner begleitenden Funktion wird meist erwartet, dass er die Grundtöne deutlich macht. In der Rolle des Solisten können wir uns jedoch von dieser Pflicht lösen und uns sogar Experimenten hingeben. So improvisiere ich im nächsten Beispiel mit dem Ton G, und zwar nicht nur während des Akkordes G, sondern auch während des anderen Akkordes. Das kann je nach Akkordfolge mal mehr und mal mal weniger gut gelingen. In diesem Fall funktioniert es gut.

S1.4 Ton beibehalten in Akkordfolge E5

WECHSELBASS-TON UND OKTAVE

Im nächsten Beispiel beachte ich strikt den Akkordwechsel. Ich verwende vom jeweiligen Akkord den Grundton, den Wechselbass-Ton und die Oktave. Die Griffbilder zeigen das Griffbrett ab dem zwölften Bund (Doppelpunkt) und die Lage von Grundton (1), Wechselbass (W) und Oktave (8).

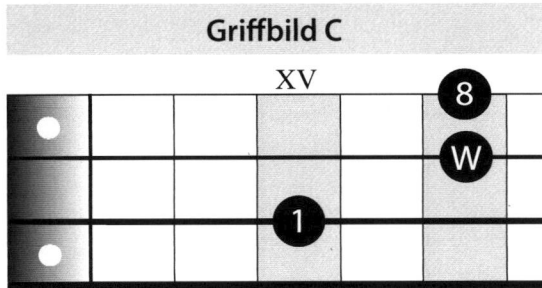

Griffbild C

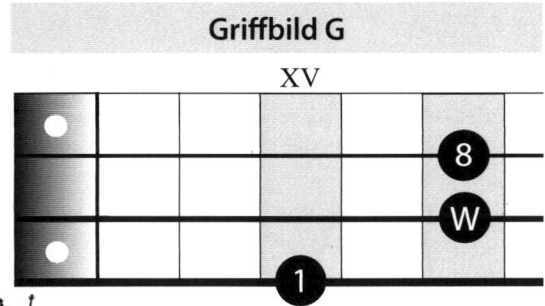

Griffbild G

S1.5 Grundton, Wechselbass, Oktave (Akkordfolge)

HIER SPIELT DIE MUSIK

☐ **S1.3 Play-Along** – Improvisiere rhythmisch nur mit dem Ton C.

☐ **S1.4 Play-Along** – Improvisiere rhythmisch nur mit dem Ton E. Beachte, wie dieser Ton anders klingt, je nachdem welcher Akkord gerade im Play-Along gespielt wird.

☐ **B1.9** – Improvisiere mit Grundton C, Wechselbass und Oktave.

☐ **B1.14** – Improvisiere mit Grundton, Wechselbass und Oktave des jeweiligen Akkordes.

☐ Improvisiere mit Grundton, Wechselbass und Oktave des jeweiligen Akkordes zu den Drill-Übungen **D13.1** bis **D13.6** im *Anhang* (*Kapitel 13*).

HINWEIS

Du kannst alle Übungen dieses Buches auf die Drill-Übungen im Anhang übertragen, auch wenn ich nicht in jedem Kapitel ausdrücklich darauf hinweise.

AKKORDE 1
EINFÜHRUNG, POWER-AKKORD

Viele Basslinien basieren auf Akkordtönen, aber normalerweise werden diese in einer Linie nacheinander gespielt und nicht gleichzeitig. Der Begriff **Akkord** beschreibt jedoch in der Regel das gleichzeitige Erklingen mehrerer Töne. Experten streiten, ob man schon bei zwei oder erst ab drei gleichzeitig gespielten Tönen von einem Akkord sprechen kann.

Dass Bassisten ausgiebig Akkorde auf ihrem Instrument spielen, ist ein relativ neues Phänomen. Zwei Gründe sprechen dagegen:

1) In seiner traditionellen Rolle bildet der Bass das Fundament: Rhythmisch unterstützt er das Schlagzeug; harmonisch spielt er vor allem Grundtöne.

2) Der Bass füllt die tiefen Frequenzen aus und verhilft einer Band zu einem vollen Klang. In tiefer Tonlage haben die Töne jedoch nur einen geringen Frequenz-Abstand, liegen also akustisch gesehen sehr nahe beieinander. Diese Tatsache beeinträchtigt das Solospiel auf dem Bass und ist für das Spielen von Akkorden ein noch größerer Nachteil, da hierbei mehrere Töne gleichzeitig klingen sollen.

Trotz der beschriebenen Hindernisse kann das Akkordspiel auf dem Bass gut funktionieren und seine Berechtigung haben: Wenn man als Bassist in einer kleinen Konstellation spielt, beispielsweise nur mit Gesang und Schlagzeug, ist ein Sänger oftmals dankbar, wenn der Bassist nicht nur Basslinien, sondern auch Akkorde spielen kann, da kein anderes Instrument da ist, um diese harmonische Funktion zu erfüllen. Oder wenn zwei Bassisten miteinander musizieren, kann einer für die Akkorde sorgen, während der andere die Basslinie oder ein Solo spielt. Wenn du alleine übst, kannst du die Akkorde aufnehmen, um hinterher dazu eine Basslinie zu komponieren oder ein Solo zu spielen.

Um dem oben beschriebenen Problem mit den tiefen Tönen zu entgehen, wähle ich für die meisten Akkorde eine höhere Tonlage auf dem Instrument: In der Regel oberhalb des zwölften Bundes. Dadurch ist das Problem mit den tiefen Frequenzen zwar nicht komplett gelöst, aber doch schon so weit verbessert, dass die meisten Akkorde relativ klar klingen.

Um transparent klingende Akkorde auf dem Bass zu erzeugen, empfehle ich, an den Klangreglern des Instrumentes oder des Verstärkers die tiefen Frequenzen abzusenken, sowie die Saiten möglichst nahe an der Brücke zu zupfen (aus Sicht eines Rechtshänders also möglichst weit rechts).

DER POWER-AKKORD

Beginnen wir mit dem Einfachsten und spielen einen Akkord, der nur aus zwei Tönen besteht: Grundton und Wechselbass-Ton. Einen solchen Akkord nennt man in der Rockmusik **Power-Akkord** (vom Englischen *power chord*). Das erste Beispiel enthält den Akkord C-Dur. Höre an und probiere aus, wie der Power-Akkord in verschiedenen Tonlagen klingt.

In den ersten beiden Takten spiele ich den Akkord mit dem Grundton C auf der B-Saite (Bund 1), über welche leider nur fünf- und sechssaitige Bässe verfügen. In den nächsten Takten greife ich den Grundton C eine Oktave höher auf der A-Saite (Bund 3), dann nochmals eine Oktave höher auf der gleichen A-Saite (Bund 15) und schließlich noch eine Oktave höher auf der D-Saite (Bund 22). Es wird offensichtlich, dass der Akkord umso klarer klingt, je höher die Tonlage ist.

A1.1 Power-Akkord in vier verschiedenen Oktaven

Rock
C

Auch den Power-Akkord kann man als Griffbild betrachten und dieses auf andere Grundtöne verschieben. Die folgende Grafik zeigt den Power-Akkord C in tiefer und hoher Tonlage.

Griffbild Power-Akkord

Power-Akkord C (Finger 1 und 3)

Um zwei Töne gleichzeitig anzuschlagen, müssen wir eine andere Technik benutzen als bei normalen Basslinien oder Solos. Am einfachsten ist es, *Zeigefinger* und *Mittelfinger* zu verwenden. Beliebt ist auch die Kombination aus *Daumen* und *Zeigefinger* (*siehe Fotos unten*). Es gibt keine festen Regeln, wie man Akkorde auf dem Bass anschlägt, somit kannst du theoretisch auch den Ringfinger und den kleinen Finger benutzen, aber das fühlt sich wahrscheinlich sehr ungewohnt an.

Anschlag mit Daumen und Zeigefinger

Anschlag mit Zeige- und Mittelfinger

Nun wende ich den Power-Akkord auf eine Akkordfolge an. Beachte im folgenden Beispiel unbedingt die Tabulatur: In den ersten vier Takten sollen die Akkorde auf den tiefen (dicken) Saiten gespielt werden, in den letzten vier Takten die gleichen Akkorde, aber diesmal auf den hohen (dünnen) Saiten. Obwohl beide Male die gleichen Noten gespielt werden, klingen die Akkorde auf den hohen Saiten klarer. Dafür muss sich allerdings die Greifhand auch mehr bewegen.

A1.2 Power-Akkord in Akkordfolge (verschiedene Lagen)

Eine weitere beliebte Technik für Akkorde auf dem Bass ist der Anschlag mit dem Nagel des Zeigefingers. Der Fingernagel ersetzt dabei ein Plektrum und schlägt beide Saiten schnell nacheinander an.

Anschlag mit Fingernagel

Im Vergleich zum vorigen Beispiel erhöhe ich den Power-Akkord G um eine Oktave, damit er noch klarer klingt.

A1.3 Power-Akkord in Akkordfolge

Eine beliebte Erweiterung des Power-Akkordes besteht darin, die Oktave des Grundtons hinzuzufügen.

Griffbild Power-Akkord mit Oktave (Grundton C)

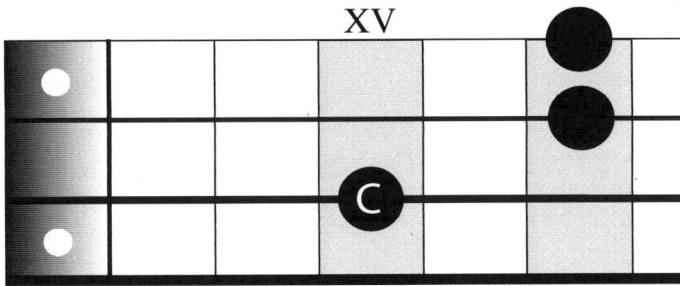

Power-Akkord mit Oktave (Finger 1, 3, 4)

Die meisten Bassisten benutzen hierfür die **Finger 1, 3, 4.** Die Besonderheit ist dabei, dass die Finger 3 und 4 im gleichen Bund liegen (auf verschiedenen Saiten).

Anschlag mit Daumen, Zeige- und Mittelfinger

Um drei Saiten gleichzeitig anzuschlagen, bevorzuge ich *Daumen, Zeigefinger* und *Mittelfinger*, aber auch andere Finger-Kombinationen sind möglich.

A1.4 Power-Akkord mit Oktave in Akkordfolge   E2

HIER SPIELT DIE MUSIK

☐ Begleite mit Power-Akkorden die Drill-Übungen **D13.1** bis **D13.6** im *Anhang* (*Kapitel 13*).

HINWEIS

Du kannst alle Übungen dieses Buches auf die Drill-Übungen im Anhang übertragen, auch wenn ich nicht in jedem Kapitel ausdrücklich darauf hinweise.

BASSLINIEN 2
DUR-DREIKLANG

B2.1 zeigt die einfachste Art, die Tonleiter C-Dur zu spielen. Die Ziffern direkt unter den Noten repräsentieren die Finger der Greifhand (GH). Der **Zeigefinger** hat die Nummer **1**, der **kleine Finger** die Nummer **4**.

1 = Zeigefinger
2 = Mittelfinger
3 = Ringfinger
4 = Kleiner Finger

B2.1 Tonleiter C-Dur

Griffbild Tonleiter C-Dur

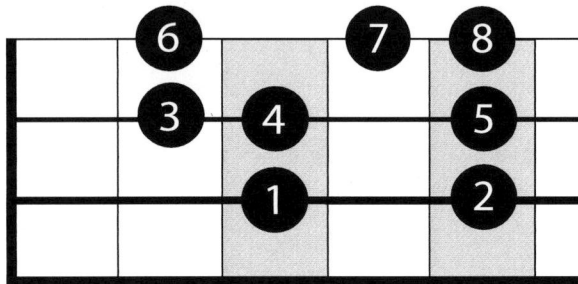

Griffweise Tonleiter C-Dur

Das Griffbild zeigt die Reihenfolge und Lage der Töne auf dem Griffbrett. Der erste Ton ist der Grundton. Der fünfte Ton ist identisch mit dem Wechselbass-Ton. Der achte Ton ist die Oktave.

Auf dem Foto zu sehen ist die Position der Greifhand mit **Finger 2** auf dem Grundton C.

DER DREIKLANG

Vorerst interessieren uns allerdings nur drei Töne aus dieser Tonleiter: **Der erste, dritte und fünfte Ton.** (Den fünften Ton kennen wir schon: Das ist der Wechselbass-Ton.) **Akkorde kann man bilden, indem man in einer Tonleiter immer einen Ton überspringt, um so zum nächsten Ton des Akkordes zu gelangen.** Einen Akkord, der aus drei Tönen besteht, nennt man *Dreiklang*.

Das Akkordsymbol „C" steht für den Dreiklang C-Dur, welchen man aus dem ersten, dritten und fünften Ton der Tonleiter C-Dur bilden kann.

B2.2 Tonleiter C-Dur / Dreiklang C-Dur

Griffbild Dreiklang C-Dur

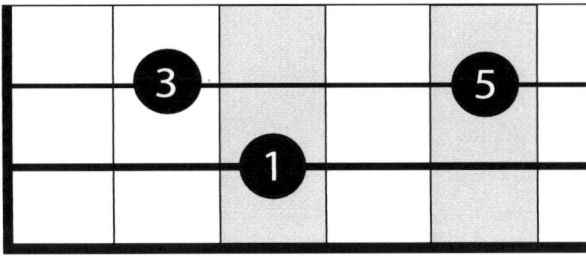

Griffweise Dreiklang C-Dur (Finger 2, 1, 4)

Mit Dreiklängen lassen sich unendlich viele Basslinien gestalten. Hier ein Beispiel für eine einfache Salsa-Basslinie:

B2.3 Dreiklang C-Dur

Salsa

Spiele nun die Tonleiter G-Dur. Du wirst feststellen, dass die Griffbilder von C-Dur und G-Dur identisch sind – es werden exakt die gleichen Finger in der gleichen Reihenfolge benutzt.

B2.4 Tonleiter G-Dur / Dreiklang G-Dur

Griffbild Tonleiter G-Dur

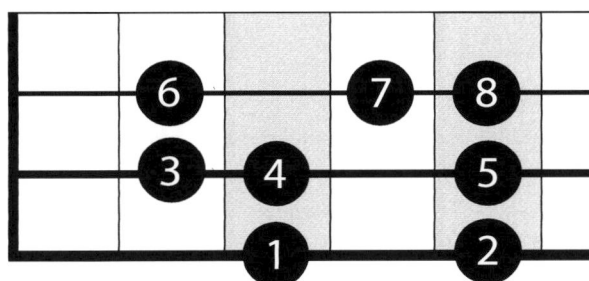

Griffweise Tonleiter G-Dur

Den Dreiklang G-Dur können wir mit dem ersten, dritten und fünften Ton aus der Tonleiter bilden.

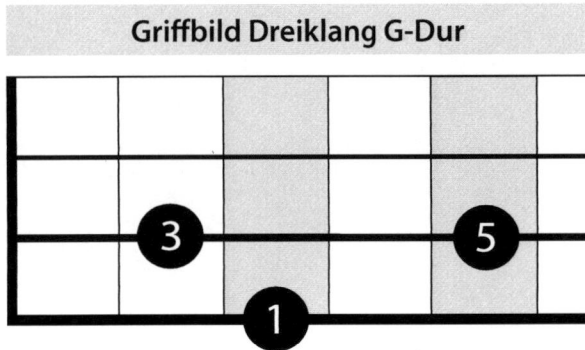

Griffbild Dreiklang G-Dur

Griffweise Dreiklang G-Dur (Finger 2, 1, 4)

Das folgende Beispiel kombiniert die Dreiklänge C-Dur und G-Dur. Eine ähnliche Basslinie, die aus Dur-Dreiklängen besteht, findest du in der Strophe des **Beatles**-Songs *Ob-La-Di, Ob-La-Da*.

B2.5 Dreiklänge (Akkordfolge)

Die meisten Basslinien beginnen jeden Takt oder jeden Akkord mit dem Grundton. Im folgenden Beispiel verhindere ich dies – einfach nur aus Experimentierfreudigkeit und um zu zeigen, dass es manchmal gut sein kann, aus einem festen Schema auszubrechen.

B2.6 Dreiklänge (Akkordfolge)

DIE QUINTE

In **B2.6** verwendet der Bass während des Akkordes G-Dur die Noten des Dreiklangs, aber in anderer Reihenfolge. Die Basslinie beginnt mit dem fünften Ton aus der Tonleiter G-Dur. Der fünfte Ton heißt *Quinte*. Im dritten Takt erscheint der Akkord C-Dur, und auch hier spielt der Bass zuerst die Quinte, also den fünften Ton der Tonleiter C-Dur.

Der Wechselbass, den wir im ersten Kapitel kennengelernt haben, benutzt ebenfalls den fünften Ton der Tonleiter. Genauer gesagt wechselt er zwischen Grundton und Quinte.

Schließlich möchte ich den Dreiklang kombinieren mit der Oktave. Im folgenden Beispiel beginnt jeder Akkord mit dem Grundton, aber im Rest des Taktes kommen die Töne in verschiedener Reihenfolge vor.

B2.7 Dreiklänge und Oktave (Akkordfolge)

Erfinde nun deine eigene Basslinie und notiere sie! Am besten mit Bleistift, um Ideen auch verwerfen oder verbessern zu können.

B2.8 Play-Along: Komponiere deine Basslinie (Akkordfolge)

DAS INTERVALL

Der Abstand zwischen zwei Tönen heißt *Intervall*. Man kann den Abstand zwischen zwei beliebigen Tönen messen, aber besonders interessant ist der Abstand eines Tones zum Akkord-Grundton, denn das Gehör nimmt den Klang eines Tones immer im Verhältnis zum Grundton wahr. Die deutschen Intervallnamen stammen leider vom Lateinischen ab, was die Sache viel komplizierter scheinen lässt, als sie es in Wirklichkeit ist. Im Grunde sind Intervalle nichts weiter als eine lateinische Bezeichnung für die Reihenfolge der Töne in einer Tonleiter. Es folgt eine Übersicht über die Intervalle, die wir bisher kennengelernt haben, anhand des Griffbildes der Dur-Tonleiter. Der erste Ton ist der **Grundton**, der dritte Ton heißt **Terz**, der fünfte Ton **Quinte**, der achte Ton **Oktave**.

Griffbild Intervalle: Terz, Quinte, Oktave
dargestellt am Griffbild der Dur-Tonleiter

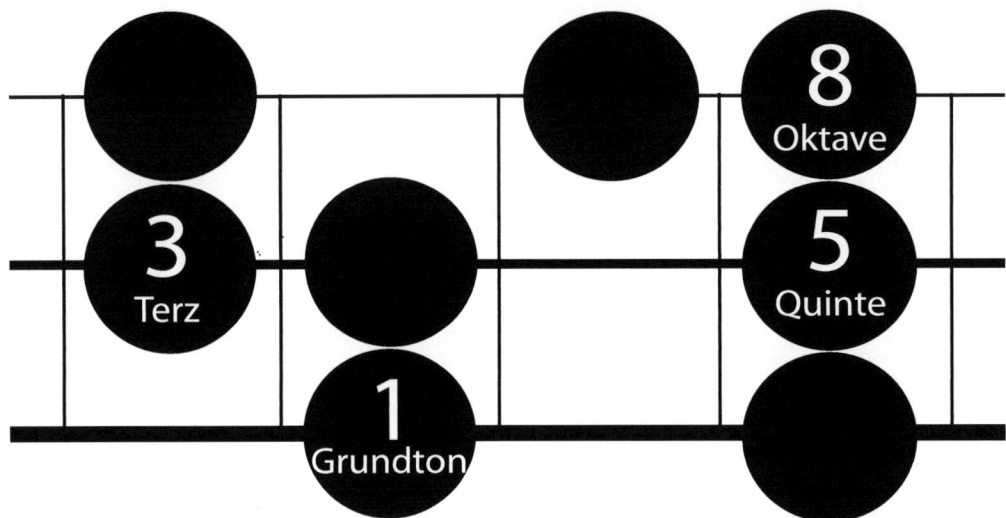

8
Oktave

3
Terz

5
Quinte

1
Grundton

HIER SPIELT DIE MUSIK

☐ **B2.8 Play-Along** – Komponiere eine Basslinie.

☐ **B1.8 Play-Along** – Erfinde eine Basslinie mit Dreiklängen.

SOLOS 2
DUR-DREIKLANG

Das Griffbild eines Dur-Dreiklangs lässt sich problemlos um eine Oktave nach oben verschieben, *siehe folgende Grafik*:

Dreiklangverschiebung | 12 Bünde (Oktave) höher

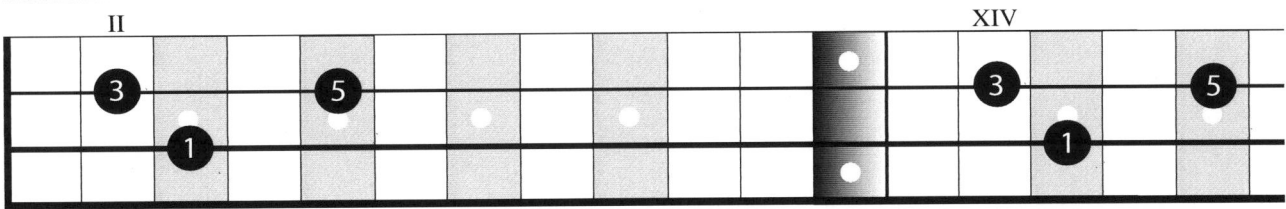

Nur mithilfe von Dreiklängen zu improvisieren, erscheint auf den ersten Blick leicht, weil wir es nur mit drei Tönen zu tun haben. Andererseits muss man sich rhythmisch etwas einfallen lassen, um etwas Abwechslung in diese drei Töne zu bringen.

S2.1 Dreiklang C-Dur E4

Nun erweitern wir den Dreiklang (bestehend aus *Grundton, Terz* und *Quinte*) um die *Oktave*. Das nächste Beispiel verwendet die Dreiklänge C-Dur und G-Dur.

Griffbild Dreiklang C-Dur mit Oktave

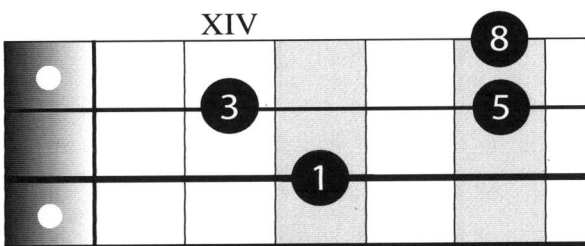

Griffbild Dreiklang G-Dur mit Oktave

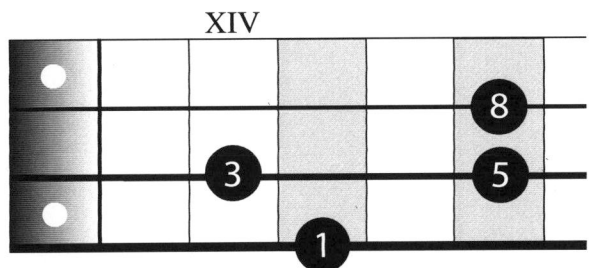

S2.2 Dreiklang mit Oktave (Akkordfolge)   E3

HIER SPIELT DIE MUSIK

☐ **B1.9** – Improvisiere mit dem Dreiklang C-Dur.

☐ **B2.5** – Improvisiere mit dem Dreiklang des jeweils angegebenen Akkordes.

☐ **B2.6** – Improvisiere mit dem Dreiklang des jeweils angegebenen Akkordes.

AKKORDE 2
DUR-DREIKLANG

Wie können wir einen Dreiklang auf dem Bass als vollständigen Akkord spielen? Betrachten wir den Dreiklang C-Dur (Grundton C auf A-Saite, Bund 15):

Griffbild Dreiklang C-Dur

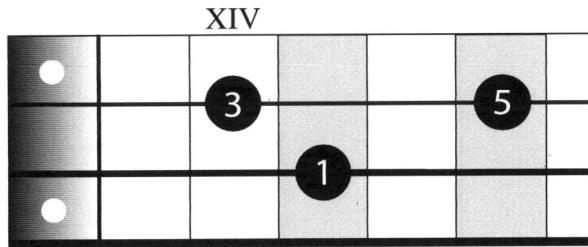

Bei diesem Griffbild liegen die *Terz* und die *Quinte* (dritter und fünfter Ton der Tonleiter) auf derselben Saite. Es ist aber nicht möglich, auf einer Saite gleichzeitig zwei Töne zu spielen.

Griffbild Dreiklang C-Dur auf drei Saiten

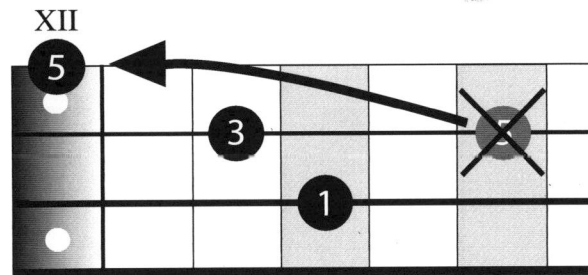

Aus diesem Grund müssen wir die drei Töne auf drei verschiedene Saiten verteilen. Die Grafik zeigt, wie sich die Quinte statt auf der D-Saite auf der G-Saite finden lässt. Mithilfe dieses Griffbildes können wir nun alle Töne des Dreiklangs gleichzeitig anschlagen.

Griffweise Dreiklang C-Dur auf drei Saiten

Die Greifhand verwendet den **Finger 4** für den *Grundton*, **Finger 3** für die *Terz* und **Finger 1** für die *Quinte*.

A2.1 Dreiklang C-Dur

Bossa Nova

Das folgende Beispiel enthält eine Akkordfolge mit den Dreiklängen C-Dur und G-Dur. Das Griffbild des Dreiklangs C-Dur lässt sich einfach auf den Grundton G verschieben, im selben Bund 15, aber eine Saite tiefer (E-Saite). Klanglich ist aber auch das gleiche G in Bund 10 (A-Saite) interessant. Die Greifhand muss zwar einen größeren Weg zurücklegen, aber dafür ist der Klang klarer. Du musst selber entscheiden, welche Version du bevorzugst.

Das Griffbild zeigt den Dreiklang C-Dur in *schwarz* sowie beide Varianten von G-Dur in *weiß*. Das Notenbild bleibt zwar gleich, aber in der Tabulatur wird ersichtlich, dass der Akkord G-Dur im zweiten und vierten Takt in verschiedenen Lagen notiert ist.

Rhythmisch sollen die Töne nicht gleichzeitig, sondern nacheinander angeschlagen werden. Alle Töne sollen bis zum Taktende klingen.

Dreiklang C-Dur | Dreiklänge G-Dur

A2.2 Dreiklang (Akkordfolge)

Hier ein weiteres Beispiel für den Anschlag mit dem Fingernagel.

A2.3 Dreiklang (Akkordfolge)

HIER SPIELT DIE MUSIK

☐ **A1.3 Play-Along** – Erfinde eine Begleitung mit Dreiklängen.

BASSLINIEN 3
DUR-TONLEITER ‚FINGER 2‘ (F♯, B), TONART

In den ersten beiden Kapiteln habe ich die Dur-Tonleiter auf ein Griffbild reduziert. Darüber hinaus lohnt sich ein Blick auf die harmonische Struktur:

Alle Töne der Dur-Tonleiter sind einen Ganzton voneinander entfernt – nur zwischen den Tönen 3 und 4 sowie zwischen den Tönen 7 und 8 befindet sich ein Halbton-Abstand.

Ein Bund entspricht einem Halbton, zwei Bünde entsprechen einem Ganzton. Die folgende Grafik zeigt die Dur-Tonleiter ab dem Ton C auf einer einzigen Saite, um die Abstände zwischen den einzelnen Tönen zu verdeutlichen.

Tonleiter C-Dur auf der A-Saite

Halbton   *Halbton*

Der typische Klang der Dur-Tonleiter entsteht durch den Halbton-Abstand zwischen den Tönen 3 und 4 sowie 7 und 8. Über das Griffbild hinaus sollten wir uns fragen und darüber klar werden, wie wir diesen Klang wahrnehmen. Die Antwort kann bei jeder Person anders ausfallen. Die meisten Menschen beschreiben den Dur-Klang als fröhlich. Verbindest du mit diesem Klang weitere Begriffe? Vielleicht: Einfach, klar, melodisch, Ähnlichkeit mit Kinderliedern wie *Alle meine Entchen*? Es ist wichtig, sich diese Frage nach dem Klang bei jeder Tonleiter und jedem Akkord zu stellen, um sie an anderer Stelle wiederzuerkennen.

Ich meine, dass diese wichtige Frage oft zu kurz kommt. Daher meine Ermunterung: Höre genau hin! Das Publikum und dein Gehör interessieren sich nicht für Tonleitern und Griffbilder – Theorie und Technik ergeben erst Sinn, wenn sie der Musik dienen, und wenn sie deinen Lernprozess vereinfachen und beschleunigen.

Spiele einen Dur-Dreiklang und frage dich wiederum nach dem Klang. Empfindest du ihn als ebenso fröhlich wie die Dur-Tonleiter? Das wäre logisch, da wir den Dur-Dreiklang aus der Dur-Tonleiter abgeleitet haben. Spiele noch einmal langsam die Dreiklänge C-Dur und G-Dur. Sie klingen minimal verschieden, weil sie jeweils etwas anders liegen auf dem Griffbrett, aber mit hoher Wahrscheinlichkeit kannst du erkennen, dass die Klangfarbe bei beiden dieselbe ist. Wenn du von nun an an Dur-Dreiklänge denkst, solltest du nicht nur sofort das Griffbild vor Augen haben, sondern auch eine Klangvorstellung.

Der Bass ist ein dankbares Instrument in dem Sinne, dass sich Griffbilder leicht verschieben lassen. Siehe dir zur Erinnerung zuerst das Griffbild der Tonleiter C-Dur an und daneben das gleiche Griffbild, aber nach F♯ verschoben. Auch bei diesen Griffbildern lassen sich die Halbtöne zwischen den Tönen 3 und 4 sowie 7 und 8 leicht erkennen. Da die Greifhand mit **Finger 2** beginnt, nenne ich diese Griffweise ‚Finger 2‘.

Griffbild Tonleiter C-Dur ‚Finger 2‘

Griffbild Tonleiter F♯-Dur ‚Finger 2‘

B3.1 Tonleiter F♯-Dur

Manchmal kommt es vor, dass ein Teil eines Songs nur aus einem einzigen Akkord besteht (oder sogar ein ganzes Stück wie *Chain of Fools* von **Aretha Franklin**). Der einzige Akkord in **B3.2** ist F♯-Dur. Ich spiele den Grundton und nutze die Tonleiter F♯-Dur für Verzierungen. Dabei verwende ich nicht die gesamte Tonleiter, sondern nur Ausschnitte daraus.

B3.2 Verzierungen mit Tonleiter F♯-Dur **E6**

B3.3 folgt dem gleichen Konzept, nur dass ich diesmal den Grundton F♯ eine Oktave höher spiele. Eine solch einfache Maßnahme wie die Oktavierung des Grundtons kann eine Inspiration für neue Basslinien sein. Zwar nutze ich weiterhin die gleiche Tonleiter F♯-Dur, aber nun aus einem etwas anderen Blickwinkel.

B3.3 Verzierungen mit Tonleiter F♯-Dur (Grundton eine Oktave höher) **E6**

Wenn wir große Ausschnitte aus der Tonleiter verwenden, besteht die Gefahr, dass die Basslinie wie eine Übung klingt. Im letzten Takt von **B3.3** habe ich es eindeutig übertrieben, indem ich die gesamte Tonleiter von unten nach oben gespielt habe. Um nicht wie ein Bassist zu klingen, der auf der Bühne Tonleitern übt, sollten die Ausschnitte aus der Tonleiter also nicht allzu lang sein. (Es gibt aber auch Gegenbeispiele: Im Refrain des Songs *Invaders* von **Iron Maiden** spielen Bass und Gitarre die komplette Tonleiter E♭-Dur hinauf und herunter.)

DIE TONART

Die allermeisten Songs stehen in einer Tonart. Die Begriffe Tonart und Tonleiter beschreiben praktisch das Gleiche. Tonart bedeutet, dass die Melodie und die Akkorde eines Liedes aus einer bestimmten Tonleiter stammen. Sehen wir uns **B3.4** an: Sowohl der Dreiklang F♯-Dur als auch der Dreiklang B-Dur lassen sich mit Tönen aus der Tonleiter F♯-Dur bilden.

B3.4 Tonleiter F♯-Dur, Dreiklänge F♯-Dur und B-Dur

Die Griffbilder zeigen die Tonleiter F♯-Dur. Die darin enthaltenen Dreiklänge F♯-Dur und B-Dur sind weiß dargestellt.

Tonleiter F♯-Dur

Lage des Dreiklangs F♯-Dur   **Lage des Dreiklangs B-Dur**

In Musikersprache sagt man: „Der Song steht in der Tonart F♯-Dur" und in der Praxis heißt das, dass hier die Tonleiter F♯-Dur gut klingt, weil die Akkorde aus eben dieser Tonleiter gebildet wurden. Das bedeutet nicht, dass es verboten wäre, auch andere Töne von außerhalb der Tonleiter zu benutzen. Es bedeutet einfach, dass die Tonleiter F♯-Dur die erste und einfachste Wahl ist, um uns in diesem Song zurechtzufinden.

B3.5 Verzierungen mit Tonleiter F#-Dur (Akkordfolge/Tonart) **E7**

Rock

Spätestens jetzt erwarte ich Einspruch: Wieso soll der Dreiklang B-Dur aus der Tonleiter F#-Dur stammen? Haben wir nicht in *Kapitel 2* gelernt, wie man den Dreiklang aus der dazugehörigen Tonleiter bilden kann, also der Dreiklang B-Dur aus der Tonleiter B-Dur stammt?

Unser Gehör ist bequem und versucht, verschiedene Töne und Akkorde einer einzigen Tonleiter (Tonart) zuzuordnen. In unserem Beispiel stellt sich das Ohr durch den ersten Dreiklang F#-Dur auf die Tonart F#-Dur ein. Da der zweite Dreiklang B-Dur mit den Tönen der Tonleiter F#-Dur übereinstimmt, hält unser Gehör einfach an der Tonart F#-Dur fest, obwohl der Akkord wechselt.

Die Tonart ist ein grundlegendes Prinzip, nach welchem die allermeisten Songs funktionieren. Wenn wir die Tonart feststellen können (also eine Tonleiter, die für einen gesamten Song gilt), dann können wir ganz einfach Basslinien erstellen, indem wir Töne aus dieser Tonleiter verwenden.

Wie setzen wir nun die Tonleiter „richtig" ein?

Das bleibt dir überlassen, ein „richtig" oder „falsch" gibt es dabei nicht. Ich unterscheide zwischen zwei Ansätzen: Basslinien, welche zum jeweiligen nächsten Grundton führen, im Gegensatz zu Linien, welche woandershin führen. Im ersten Takt von **B3.5** nutze ich Töne der Toneiter F#-Dur, um zum Grundton B im zweiten Takt zu gelangen. Im zweiten Takt verwende ich jedoch Töne, welche **NICHT** zum Grundton F# im dritten Takt führen, sondern im Nirgendwo enden. Beide Ansätze haben ihre Berechtigung und können auch gemischt werden.

Zum Abschluss dieses Kapitels noch ein Beispiel in der Tonart **B-Dur**. Die Tonleiter B-Dur funktioniert in **B3.7** durchgängig für alle Akkorde. (Es könnte der Eindruck entstehen, dass immer der erste Akkord Rückschluss auf die Tonart zulässt. Dem ist jedoch nicht immer so: Viele Songs beginnen mit einem anderen Akkord als ihre eigentliche Tonart.)

Griffbild Tonleiter B-Dur ,Finger 2'

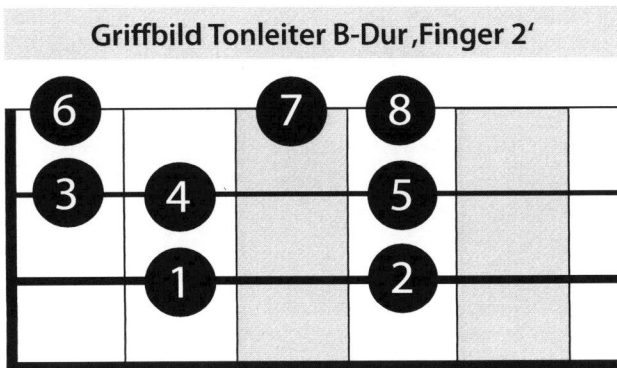

B3.6 Tonleiter B-Dur

Jeder Akkord wird mit dem Grundton begonnen. Die restlichen Töne dienen zur Verzierung und stammen aus der Tonleiter B-Dur.

B3.7 Verzierungen mit Tonleiter B-Dur (Akkordfolge) **E8**

HIER SPIELT DIE MUSIK

- ☐ **B1.6 Play-Along** – Erfinde eine Basslinie mit Verzierungen aus der Tonleiter C-Dur.
- ☐ **B1.6 Play-Along** – Erfinde eine Basslinie mit Verzierungen aus der Tonleiter G-Dur.

SOLOS 3
DUR-TONLEITER ‚FINGER 2', DREIER-GRUPPEN

Die Tonleiter F♯-Dur können wir mit dem gleichen Griffbild eine Oktave höher spielen:

Tonleiter F♯-Dur | 1 Oktave (12 Bünde) höher

Im ersten Beispiel verwende ich die Tonleiter F♯-Dur für ein Solo über den Dreiklang F♯-Dur. Zuerst spiele ich die Tonleiter auf und ab, dann forme ich aus den Tönen Dreier-Gruppen. Die ersten Dreier-Gruppen sind gekennzeichnet.

S3.1 Übung Tonleiter F♯-Dur | Normal und in Dreier-Gruppen

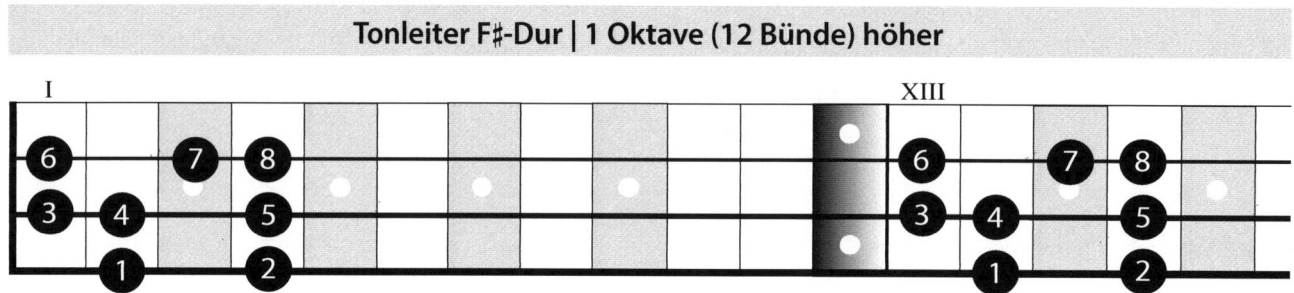

Das vorige Beispiel klingt nach einer mechanischen Übung. Solche Übungen sind wichtig, um die Bewegungen der Finger zu trainieren und sich Griffbilder einzuprägen. Wenn wir jedoch den Charakter eines „richtigen" Solos erreichen wollen, ist es hilfreich, die Töne nicht genau in der Reihenfolge der Tonleiter zu spielen, sondern sie freier zu kombinieren. Dreier-Gruppen können dabei helfen, die normale Reihenfolge der Tonleiter aufzubrechen, aber wenn wir ausschließlich Dreier-Gruppen spielen, hört es sich auch wieder mechanisch an.

Hier nun ein Beispiel, welches die Tonleiter und Dreier-Gruppen verwendet, aber in einer aufgelockerten Reihenfolge, sodass das Solo melodischer und weniger mechanisch klingt.

S3.2 Anwendung Tonleiter F♯-Dur über Dreiklang F♯-Dur E6

Rock
F♯
8va

Dieser Logik folgend, können wir mit der Tonleiter B-Dur über den Dreiklang B-Dur improvisieren. Ich will einen Schritt weiter gehen und experimentieren: Im folgenden Beispiel verwende ich die Tonleiter B-Dur, aber nicht über den Dreiklang B-Dur, sondern über den Dreiklang F♯-Dur.

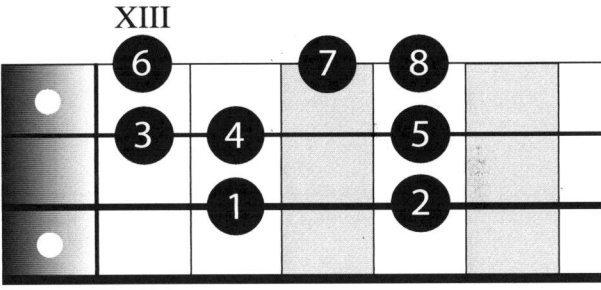

Griffbild Tonleiter B-Dur in hoher Tonlage

XIII

S3.3 Anwendung Tonleiter B-Dur über Dreiklang F♯-Dur E6

Rock
F♯
8va

Dass über einen Dreiklang F#-Dur die Tonleiter F#-Dur geeignet ist, sowohl zum Erstellen von Basslinien als auch von Solos, ist keine Überraschung. Schließlich haben wir den Dreiklang aus der Tonleiter abgeleitet. (Zur Erinnerung: Die Töne des Dreiklangs entsprechen dem ersten, dritten und fünften Ton aus der Tonleiter. Unter Musikern üblich sind die Bezeichnungen: *Grundton, Terz, Quinte*.)

Warum funktioniert über den Dreiklang F#-Dur aber auch die Tonleiter B-Dur? Die Antwort ist denkbar einfach: Die Tonleiter B-Dur enthält sieben verschiedene Töne (B, C#, D#, E, F#, G#, A#). Der Dreiklang F#-Dur enthält drei Töne (F#, A#, C#).

Die Töne des Dreiklangs sind komplett in den sieben Tönen der Tonleiter enthalten.

Man kann sagen: Wenn die Töne zwischen Akkord und Tonleiter übereinstimmen, dann harmonieren sie miteinander.

Schließlich können wir eine Tonleiter auch dazu benutzen, um über eine Akkordfolge zu improvisieren. Im folgenden Beispiel verwende ich die Tonleiter B-Dur, um über die Dreiklänge B-Dur und F#-Dur zu solieren. Dass die Tonleiter B-Dur mit dem Dreiklang B-Dur harmoniert, leuchtet ein. Dass dieselbe Tonleiter B-Dur auch mit dem Dreiklang F#-Dur harmoniert, haben wir bereits festgestellt.

Man kann sagen: Das folgende Beispiel steht in der Tonart B-Dur. Das bedeutet, dass die darin vorkommenden Akkorde mit der Tonleiter B-Dur harmonieren. Oder anders gesagt: Die Akkordtöne sind in der Tonleiter enthalten.

S3.4 Anwendung Tonleiter B-Dur über Akkordfolge   E8

HIER SPIELT DIE MUSIK

☐ **B2.5** – Improvisiere mit der Tonleiter C-Dur.

☐ **B2.6** – Improvisiere mit der Tonleiter G-Dur.

☐ **B2.7** – Improvisiere mit der Tonleiter G-Dur.

AKKORDE 3
DUR-DREIKLANG MIT OKTAVE

Die folgende Grafik zeigt, wie man einen Dreiklang auch *ohne Quinte* spielen kann. Um trotzdem einen vollen Klang zu erreichen, füge ich die Oktave des Grundtons hinzu. Ich ersetze also die Quinte durch die Oktave. Nach meiner Erfahrung ist diese Variante bequemer für die Greifhand und klingt in vielen Situationen auch besser.

Griffbild Dreiklang F♯-Dur mit Oktave

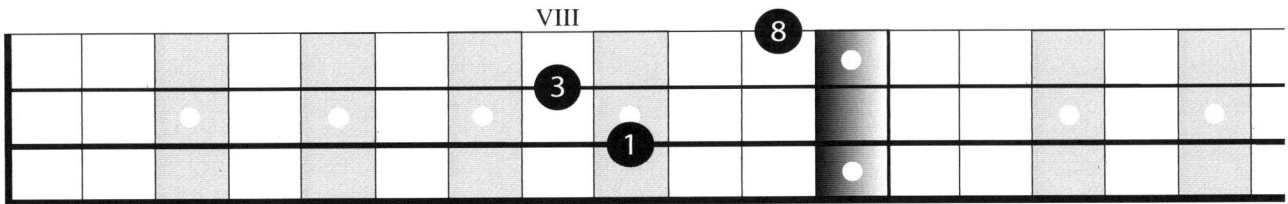

Griffweise Dreiklang F♯-Dur mit Oktave

Mit den **Fingern 2, 1 und 4** lassen sich leicht *Grundton, Terz* und *Oktave* greifen.

A3.1 Dreiklang mit Oktave

Rock

F♯

Griffbild Dreiklang B-Dur mit Oktave

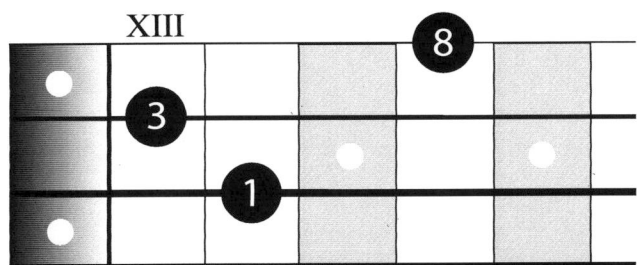

Für das nächste Beispiel muss lediglich das Griffbild nach **Bund 13** verschoben werden, also vom Grundton F♯ auf den Grundton B in **Bund 14**.

A3.2 Dreiklang mit Oktave (Akkordfolge) E7

Rock

Im folgenden Beispiel soll der Anschlag mit dem Fingernagel die Rhythmus-Gitarre im Funk imitieren, indem er sich immer abwechselnd nach unten und nach oben bewegt, *siehe Video A3.3!*

A3.3 Dreiklang mit Oktave (Akkordfolge) E8

Funk

HIER SPIELT DIE MUSIK

☐ **A2.1 Play-Along** – Erfinde eine Begleitung mit dem Dreiklang C mit Oktave.

☐ **A2.2 Play-Along** – Erfinde eine Begleitung mit dem Dreiklang mit Oktave des jeweils angegebenen Akkordes.

☐ **A2.3 Play-Along** – Erfinde eine Begleitung mit dem Dreiklang mit Oktave des jeweils angegebenen Akkordes.

BASSLINIEN 4
DUR-TONLEITER, BUND 1 UND 3 ‚MIT LEERSAITEN' (B♭, F, C, G, E♭), TONART (STUFEN I, IV, V), EINFÜHRUNG CHROMATIK

Das bisher verwendete Griffbild für die Dur-Tonleiter beginnt mit **Finger 2**. Wenn wir eine Dur-Tonleiter spielen möchten ab dem B♭ (A-Saite, Bund 1), wäre es merkwürdig, diesen Grundton mit Finger 2 zu greifen. Dennoch ist dies ein guter Trick, um das Griffbild auch im ersten Bund anzuwenden:

Wir greifen das B♭ mit **Finger 2** und ersetzen jene Töne, welche normalerweise mit Finger 1 gegriffen würden, durch Leersaiten.

Griffbild Tonleiter B♭-Dur ‚Bund 1 mit Leersaiten'

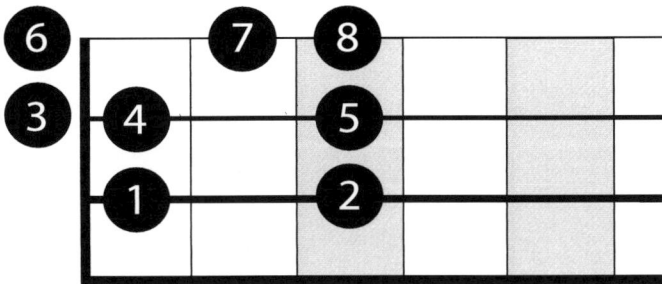

Griffweise mit Trick beginnend mit ‚Finger 2'

Wenn wir uns das Griffbild verdeutlicht haben, ist es kein Problem, die Tonleiter mit **Finger 1** im ersten Bund zu beginnen. Dies entspricht der normalen Griffweise. Da wir jetzt nicht mehr mit Finger 2 beginnen, nenne ich das Griffbild ‚Bund 1 mit Leersaiten'.

Griffweise normal beginnend mit ‚Finger 1'

B4.1 Tonleiter B♭-Dur

Die Tonleiter **F-Dur** können wir spielen, indem wir das Griffbild von Bb-Dur um eine Saite nach unten verschieben.

Bislang haben wir Dur-Tonleitern immer nur bis zu ihrem achten Ton gespielt, also bis zur Oktave. Im Falle F-Dur bietet es sich an, die Tonleiter zu verlängern oder zu erweitern, zumindest um jene Töne, welche sich in derselben Lage befinden. Die Töne der Erweiterung sind *grau* dargestellt. Man hält sich einfach vor Augen, dass die Oktave der

Griffbild Tonleiter F-Dur
‚Bund 1 mit Leersaiten' erweitert

gleiche Ton ist wie der Grundton, nur in einer höheren Tonlage. Ab der Oktave kann man also die Tonleiter von Neuem beginnen, natürlich mit der gleichen Formel *„Ganzton–Ganzton-Halbton ..."*

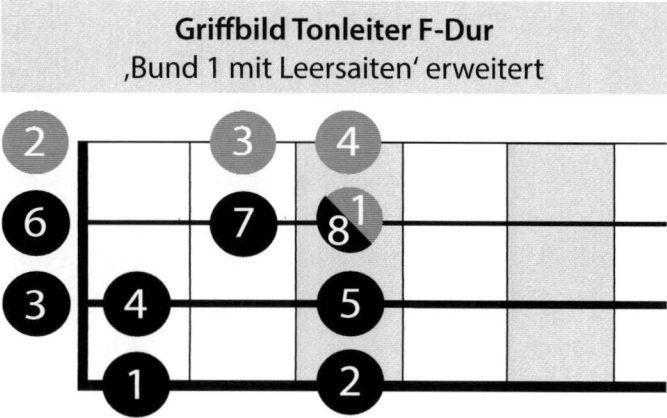

B4.2 Tonleiter F-Dur erweitert

Das folgende Beispiel zeigt Möglichkeiten, die erweiterte Tonleiter in einer Basslinie einzusetzen. Beachte, wie sich der Klang der Linie verändert, je nachdem in welcher Tonlage wir den Grundton wählen.

Anmerkung: Das Beispiel ist etwas „überladen" mit verschiedenen Ideen, um eine Vielfalt an Möglichkeiten aufzuzeigen. Für einen normalen Song würde man sich wohl auf ein oder zwei Ideen beschränken und diese wiederholen.

B4.3 Anwendung Tonleiter F-Dur erweitert E9

Griffbild Tonleiter C-Dur ,Bund 3 mit Leersaiten'

An dieser Stelle kehren wir kurz zur Tonleiter **C-Dur** zurück, um zu sehen, wie man sie mit Leersaiten spielen kann.

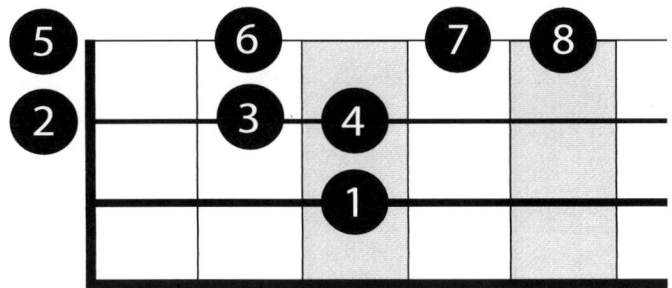

B4.4 Tonleiter C-Dur (Leersaiten)

Das nächste Beispiel **B4.5** enthält die Akkorde F-Dur, B♭-Dur und C-Dur. In der ersten Notenzeile verwende ich nur die jeweiligen Dreiklänge. In der zweiten Zeile nutze ich die Tonleiter F-Dur. Das funktioniert, weil die Töne der Dreiklänge F-Dur, B♭-Dur und C-Dur in der Tonleiter F-Dur enthalten sind und unser Gehör als Tonart F-Dur wahrnimmt. Die folgenden Griffbilder veranschaulichen die Zugehörigkeit der Akkorde zur Tonleiter:

Lage des Dreiklangs F-Dur
in der Tonleiter F-Dur

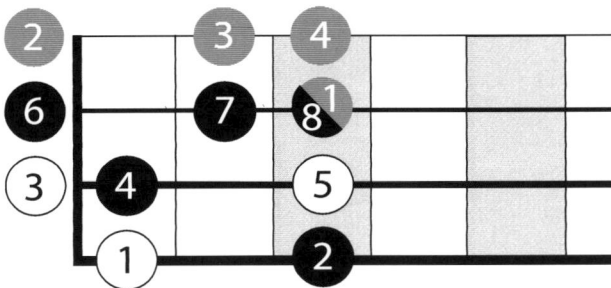

Lage des Dreiklangs B♭-Dur
in der Tonleiter F-Dur

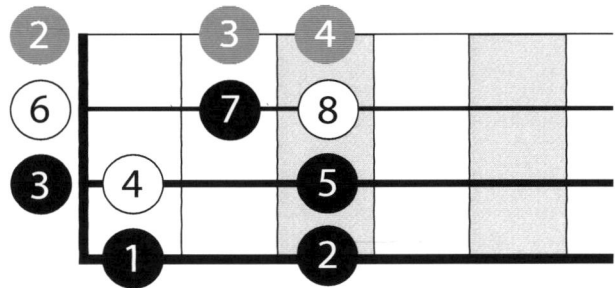

Lage des Dreiklangs C-Dur
in der Tonleiter F-Dur

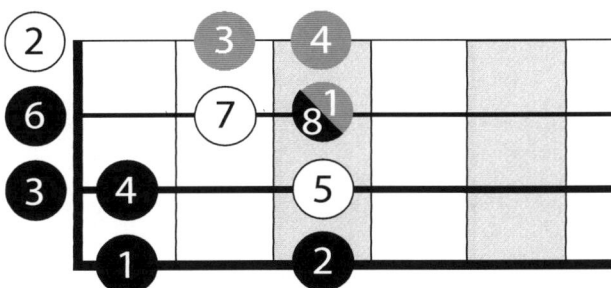

B4.5 Anwendung Tonleiter F-Dur erweitert (Akkordfolge)

Ebenso wie die Tonleiter C-Dur, lässt sich die Tonleiter G-Dur mit Leersaiten spielen.

Ich nutze die Lage, um die Tonleiter über die Oktave hinaus zu erweitern.

Griffbild Tonleiter G-Dur
,Bund 3 mit Leersaiten' erweitert

B4.6 Tonleiter G-Dur (Leersaiten) erweitert

Schließlich möchte ich nochmal einen Blick auf die Tonleiter C-Dur werfen, um sie nach unten zu erweitern. Dazu betrachte ich einen fünfsaitigen Bass oder stelle mir auf einem Viersaiter eine weitere tiefe Saite vor: Dort beginne ich auf dem Grundton C und wende das Griffbild ,Bund 1 mit Leersaiten' an.

Auf einem viersaitigen Bass lassen sich die ersten zwei Töne dieses Griffbildes zwar nicht greifen, aber sie stellen eine imaginäre Hilfe dar. Die fünfte Saite (oder imaginäre Saite) ist *grau* dargestellt.

Griffbild Tonleiter C-Dur mit Leersaiten
nach unten erweitert

5. Saite (Fünfsaiter):

Das nächste Beispiel enthält die Akkorde C-Dur, F-Dur und G-Dur. In der ersten Notenzeile verwende ich nur die Töne der jeweiligen Dreiklänge, allerdings in loser Reihenfolge. Die Takte drei und vier beginne ich dabei absichtlich nicht mit dem Grundton, um Abwechslung in die Basslinie zu bringen. Wie schon zuvor erwähnt, kommt so etwas nicht häufig vor, aber gerade im Jazz genießen wir in dieser Hinsicht mehr Freiheit.

Für die Kreation der Basslinie in der mittleren Zeile verwende ich die Tonleiter C-Dur. Das funktioniert, weil die Töne des Dreiklangs F-Dur (= F, A, C) sowie die Töne des Dreiklangs G-Dur (= G, B, D) in der Tonleiter C-Dur (= C, D, E, F, G, A, B) enthalten sind und unser Gehör als Tonart C-Dur wahrnimmt.

EINFÜHRUNG CHROMATIK

In der letzten Zeile nutze ich nun erstmals Töne außerhalb der Tonleiter. Sie werden als chromatische Töne bezeichnet (von altgriechisch *chroma* = Farbe) und bieten uns im übertragenen Sinne jene Farben, welche in der Tonleiter nicht enthalten sind. Es steht nirgendwo geschrieben, dass wir diese Töne außerhalb der Tonleiter nicht verwenden dürften. Im Gegenteil: Alle Musikstile verwenden chromatische Töne, einige mehr, andere weniger. Im Blues und im Jazz findet sich besonders viel Chromatik.

An dieser Stelle will ich nur einen ganz einfachen Tipp zur Verwendung chromatischer Töne geben: Am leichtesten funktioniert es, wenn man zwei benachbarte Töne der Tonleiter verbindet mithilfe des chromatischen Tons, welcher dazwischen liegt. Die chromatischen Töne kennzeichne ich im Notenbild mit den Buchstaben „chr".

Höre ganz genau auf die chromatischen Töne: Wie empfindest du ihren Klang? Als interessant oder als falsch? Mache dich mit diesem chromatischen Klang gut vertraut. Wenn eine Basslinie zu langweilig scheint, kann das Hinzufügen chromatischer Töne das benötigte Salz in der Suppe sein.

B4.7 Dreiklänge, Tonleiter C-Dur erweitert, chromatische Töne (Akkordfolge)

Der einfachste Weg, die Tonleiter **Eb-Dur** zu spielen, ist die Verwendung des Griffbildes ‚Finger 2' ab dem Grundton Eb (A-Saite, Bund 6). Wenn man sich jedoch in der ersten Lage befindet (Finger 1 in Bund 1), kann man auch in die Situation kommen, die Tonleiter mit dem Grundton Eb in Bund 1 (D-Saite) zu beginnen und dann nur durch einen Lagenwechsel zu Ende spielen zu können. Dazu stelle ich mir vor, dass die letzten drei Töne des Griffbildes (*grau* dargestellt) auf dem Griffbrett nach oben verschoben werden.

Griffbild Tonleiter Eb-Dur ‚Bund 1' mit Lagenwechsel

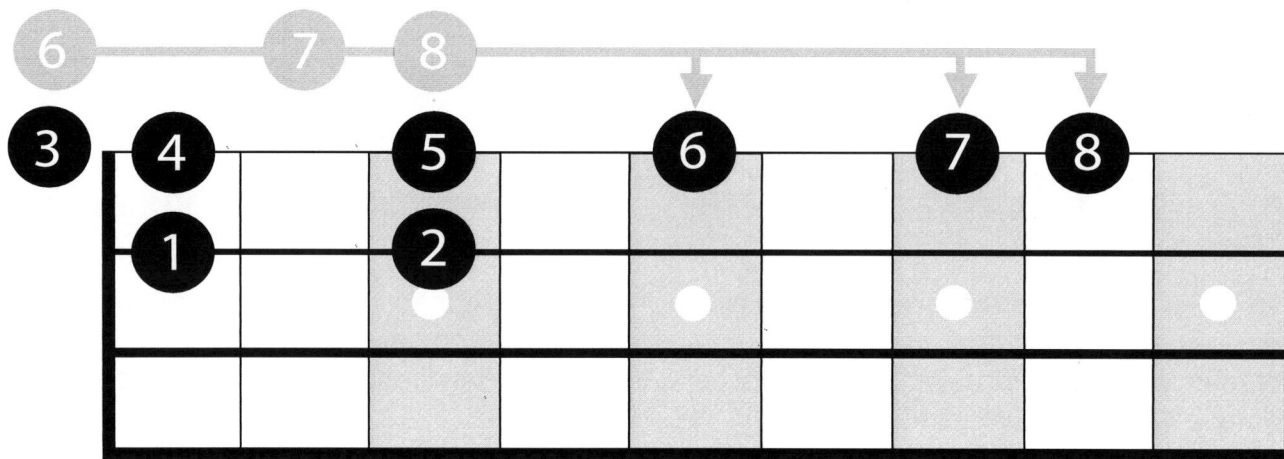

B4.8 Tonleiter Eb-Dur mit Lagenwechsel

→ *Dieser Pfeil zeigt den Wechsel der Handposition in einen anderen Bund an.*

B4.9 Anwendung Tonleiter Eb-Dur

Bossa Nova

Am Griffbild der Dur-Tonleiter lassen sich die verschiedenen Intervalle hervorragend ablesen. Der Abstand vom Grundton bis zum ersten Ton der Tonleiter heißt *Prime*, ist aber eigentlich gar kein Abstand, da es sich um *denselben* Ton handelt. Den Abstand vom Grundton zum zweiten Ton nennt man *Sekunde* und so fort. Das Griffbild der Dur-Tonleiter hast du dir sicher schon gut eingeprägt, nun musst du nur noch den Namen für jedes Intervall auswendig lernen. Die Namen stammen aus dem Lateinischen. (*prima* = die Erste, *secunda* = die Zweite, *tertia* = die Dritte ...)

Intervalle von der Prime bis zur Oktave
dargestellt am Griffbild der Dur-Tonleiter ‚Finger 2'

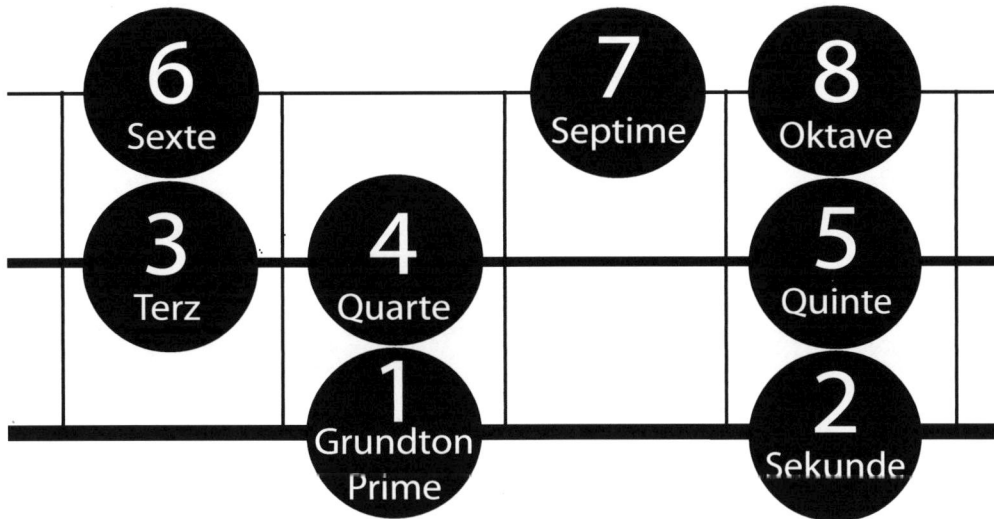

6 Sexte		7 Septime	8 Oktave
3 Terz	4 Quarte		5 Quinte
	1 Grundton Prime		2 Sekunde

HIER SPIELT DIE MUSIK

☐ **B3.5 Play-Along** – Erfinde eine Basslinie basierend auf der Tonleiter F♯-Dur und chromatischen Tönen.

☐ **B3.7 Play-Along** – Erfinde eine Basslinie basierend auf der Tonleiter B-Dur und chromatischen Tönen.

☐ **B4.3 Play-Along** – Die Übung enthält in jedem Takt eine andere Idee, aber Pop- und Rock-Basslinien basieren meist nur auf ein oder zwei Ideen, welche sich wiederholen. Suche also den Takt aus, der dir am besten gefällt, und wende nur diese Idee auf das gesamte Play-Along an. Suche eine weitere Idee aus der Übung, welche dir gut gefällt, und kombiniere sie mit der ersten Idee über das ganze Play-Along hinweg.

☐ **B4.3 Play-Along** – Erfinde eine eigene Idee und wende sie auf das Play-Along an. Erfinde eine weitere Idee und kombiniere sie mit der ersten.

SOLOS 4
DUR-TONLEITER IN VIERER-GRUPPEN

Wenn wir das Griffbild der Tonleiter F-Dur in die hohe Tonlage verschieben, lässt es sich bequem mit **Finger 2** beginnen.

Griffbild Tonleiter F-Dur
‚Finger 2' erweitert

Mit obigem Griffbild lässt sich die folgende Übung spielen. Beachte die Verwendung von Vierer-Gruppen.

S4.1 Übung Tonleiter F-Dur erweitert, normal und in Vierer-Gruppen **E9**

Griffbild Tonleiter C-Dur
nach unten erweitert

Dieses Bild entspricht dem Griffbild ‚C-Dur mit Leersaiten, nach unten erweitert' aus dem *Kapitel Basslinien 4*, nur dass in der hohen Tonlage die Leersaiten ersetzt und in Bund 12 gegriffen werden.

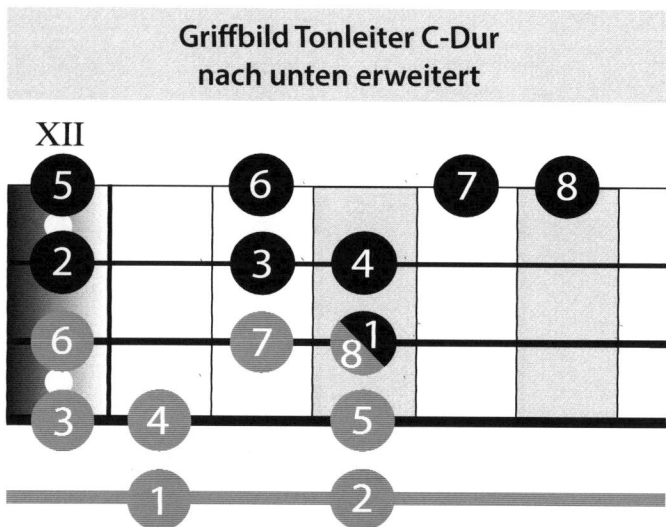

5. Saite (Fünfsaiter):

Vierer-Gruppen sind nicht nur geeignet zum mechanischen Üben von Tonleitern, sondern können auch als melodisches Motiv im Solo genutzt werden. Wie immer sollte man darauf achten, es nicht zu übertreiben, um nicht wie ein Roboter zu klingen.

S4.2 Anwendung Tonleiter C-Dur erweitert E10

HIER SPIELT DIE MUSIK

☐ **B2.6** – Improvisiere mit der Tonleiter G-Dur (erweitert).

☐ **B3.5** – Improvisiere mit der Tonleiter F#-Dur in Vierer-Gruppen.

AKKORDE 4
DUR-DREIKLANG MIT OKTAVIERTER TERZ

Wenn der Grundton eines Akkordes auf der E-Saite liegt, kann ein besserer Klang erreicht werden, indem man die Terz *oktaviert*. Grundton und Oktave des Grundtons bleiben so wie sie sind, aber darüber hinaus greifen wir die Terz in der nächsthöheren Tonlage, also die Oktave der Terz.

Griffbild Dreiklang F-Dur
mit verschobener Terz

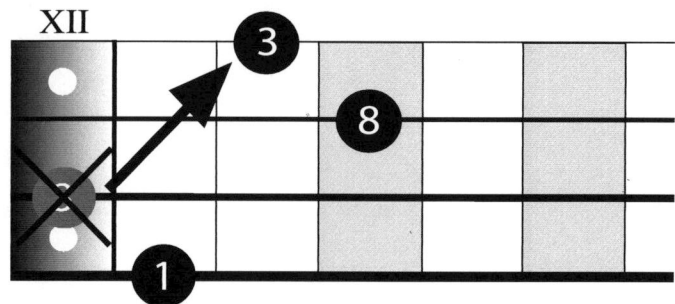

Zum gleichen Ergebnis kommt man, wenn man das Griffbild der erweiterten Dur-Tonleiter betrachtet und dort den Grundton, die Oktave und die Terz in der Erweiterung isoliert. Die drei verwendeten Akkordtöne sind weiß dargestellt.

Griffbild Tonleiter F-Dur erweitert
mit oktavierter Terz

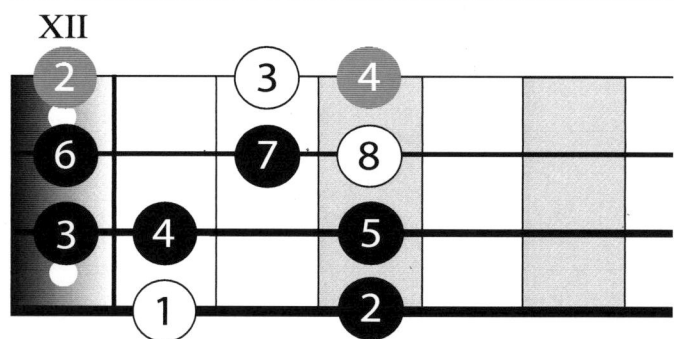

Im Ergebnis gelangen wir zu diesem Griffbild.

Zum Greifen eignen sich die **Finger 1** (*Grundton*), **Finger 3** (*Oktave*) und **Finger 2** (*oktavierte Terz*).

Bequemer ist wahrscheinlich die Griffweise mit **Finger 1** (*Grundton*), **Finger 4** (*Oktave*) und **Finger 3** (*oktavierte Terz*). Probiere beide Varianten aus!

Griffbild Dreiklang F-Dur
mit Oktave und oktavierter Terz

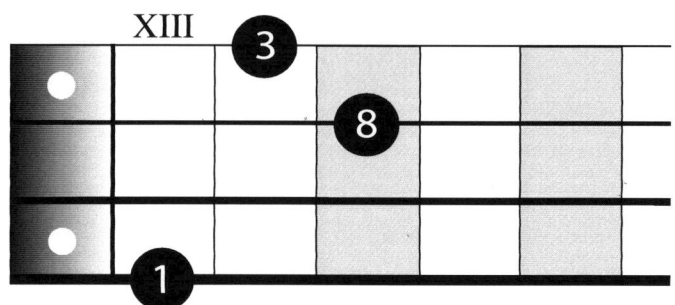

Griffweise mit Fingern 1, 3, 2

Griffweise mit Fingern 1, 4, 3

Zunächst eine Übung mit nur einem Akkord.

A4.1 Dreiklang mit oktavierter Terz

Bei einer Akkordfolge können wir nun verschiedene Griffe mischen.

A4.2 Dreiklang, Dreiklang mit oktavierter Terz, Dreiklang mit Oktave (Akkordfolge)

HIER SPIELT DIE MUSIK

☐ **A1.3 Play-Along** – Erfinde eine Begleitung mit Dreiklängen mit Oktave und Dreiklängen mit oktavierter Terz.

☐ **A3.2 Play-Along** – Erfinde eine Begleitung mit Dreiklängen mit Oktave und Dreiklängen mit oktavierter Terz.

BASSLINIEN 5
DUR-TONLEITER ‚LEERSAITE' (A, E, D)

Wenn wir eine Dur-Tonleiter mit einer Leersaite als Grundton beginnen wollen, kommen wir mit dem bisherigen Griffbild nicht weiter. Die Formel zur Konstruktion einer Dur-Tonleiter lautet: Zwischen den Tönen 3 und 4 sowie 7 und 8 muss ein Halbton liegen, zwischen allen anderen ein Ganzton. Ab dem Grundton A ergeben sich somit folgende Töne für die Dur-Tonleiter (dargestellt auf einer einzigen Saite):

Struktur der Dur-Tonleiter

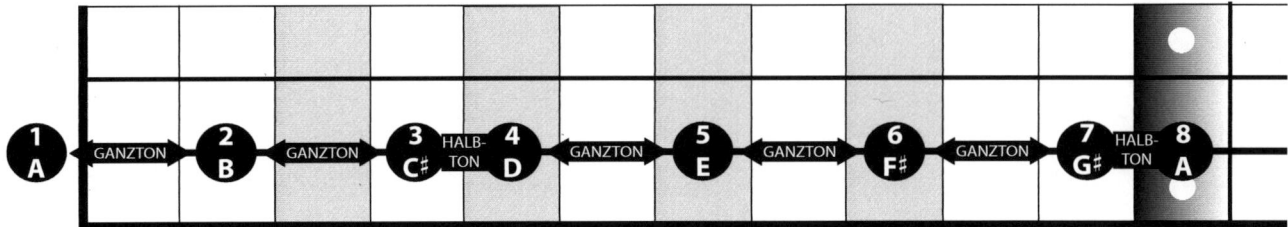

B5.1 Tonleiter A-Dur

Griffbild Tonleiter A-Dur ‚Leersaite'

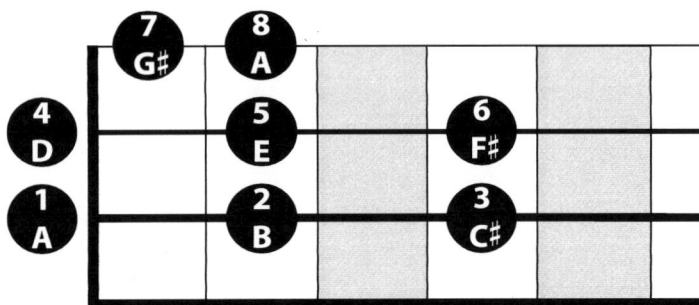

Wenn wir nicht die ganze A-Saite hinaufwandern wollen, sondern alle Töne in der ersten Lage lokalisieren, erhalten wir dieses Griffbild.

Natürlich kann man die gleiche Tonleiter A-Dur auch spielen, indem man **Finger 2** auf dem A (E-Saite, Bund 5) ansetzt und das Griffbild ‚Finger 2' anwendet. Allerdings ist es nicht ratsam, eine Tonleiter oder einen Akkord nur in einer einzigen Lage spielen zu können, da dies unsere Freiheit auf dem Instrument einschränken würde.

Wir sind nun an dem Punkt angekommen, an dem wir bereit sein müssen, uns von den typischen, von den „leichten" Griffbildern zu verabschieden. Das bedeutet nicht, dass die bisher gelernten Griffbilder vergessen werden sollen. Sie sollten gut verinnerlicht und immer abrufbar sein. Aber gleichzeitig müssen wir die Neuronen in unserem Gehirn darauf einstimmen, eine Tonleiter auch auf andere Weise spielen und andere Griffbilder visualisieren zu können. Das langfristige Ziel muss sein, jede beliebige Tonleiter in allen Lagen zu beherrschen, um uns völlig frei auf dem Griffbrett bewegen zu können.

Griffbild Tonleiter E-Dur ‚Leersaite' erweitert

Das Griffbild der *Tonleiter A-Dur ‚Leersaite'* lässt sich problemlos verschieben auf die Leersaite E. Die Erweiterungstöne sind *grau* dargestellt.

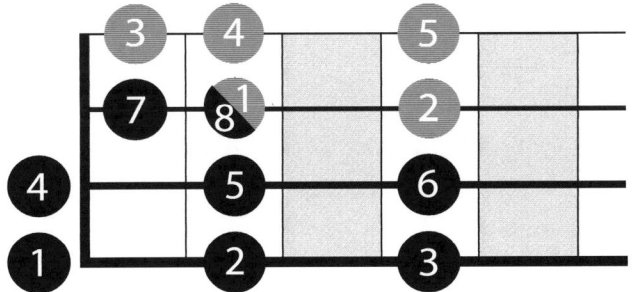

B5.2 Tonleiter E-Dur erweitert

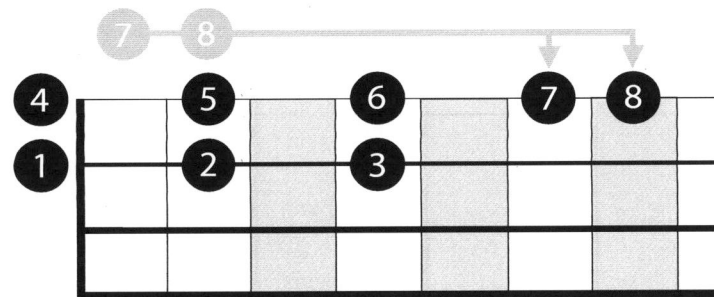

Das Griffbild der *Tonleiter D-Dur ‚Leersaiten'* beginnt genauso, aber einem viersaitigen Bass „fehlt" eine Saite für die letzten beiden Töne. Um diese zu erreichen, muss die Greifhand in eine höhere Lage wechseln, *siehe* **B5.3**.

Griffbild Tonleiter D-Dur ‚Leersaite' mit Lagenwechsel

B5.3 Tonleiter D-Dur

Das folgende Beispiel **B5.4** enthält die Dreiklänge B-Dur, A-Dur und E-Dur. Alle Töne dieser drei Akkorde sind in der Tonleiter E-Dur enthalten.

Lage des Dreiklangs B-Dur
in der Tonleiter E-Dur

Die Griffbilder zeigen die Lage der Dreiklänge E-Dur, A-Dur und B-Dur innerhalb der Tonleiter E-Dur. Die jeweiligen Akkordtöne sind *weiß* dargestellt.

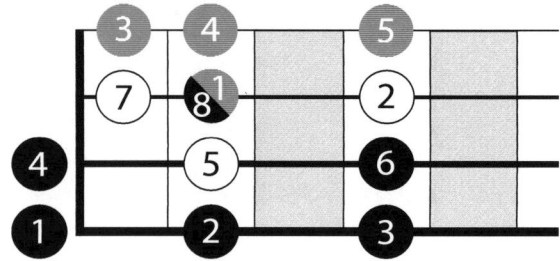

Lage des Dreiklangs A-Dur
in der Tonleiter E-Dur

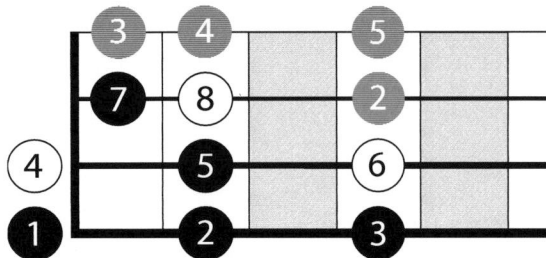

Lage des Dreiklangs E-Dur
in der Tonleiter E-Dur

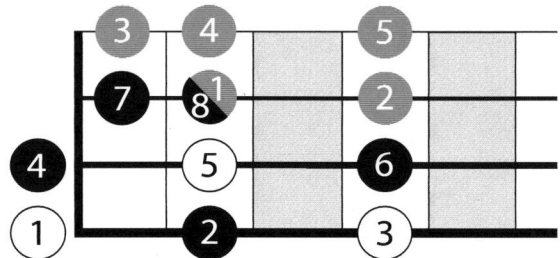

Wir können also E-Dur als Tonart bestimmen und für unsere Basslinie prinzipiell diese Tonleiter verwenden. Natürlich sollten wir auch den Grundton des jeweiligen Akkordes berücksichtigen.

B5.4 Anwendung Tonleiter/Tonart E-Dur (Akkordfolge)

Wenn wir uns die Grundtöne dieser drei Akkorde anschauen, stellen wir fest, dass diese den Tönen Nummer **1**, **4** und **5** der Tonleiter E-Dur entsprechen. Anstelle von Nummern sprechen Musiker von **Stufen**. Die Stufen werden mit römischen Ziffern bezeichnet. Wir können also sagen:

Die Akkorde E-Dur, A-Dur und B-Dur sind die Stufen I, IV und V der Tonleiter oder der Tonart E-Dur.

Viele Songs bestehen nur aus den Stufen I, IV und V. Wenn wir in einer Akkordfolge zwei oder drei verschiedene Dur-Akkorde vorfinden, sollten wir immer prüfen, ob sie den Stufen I, IV oder V einer Dur-Tonleiter entsprechen. Ist dies der Fall, dann stellt die Stufe I die Tonart dar.

Je besser du dich in ALLEN Tonarten auskennst, desto schneller kannst du die Zusammenhänge zwischen Akkorden und Tonart erkennen und deine eigenen Basslinien oder Solos gestalten.

Das folgende Beispiel enthält die **Akkorde D-Dur und E-Dur**. Um sie mit der Stufen-Theorie in Einklang zu bringen, können wir sie interpretieren als die **Stufen IV und V der Tonart A-Dur**. Das mag auf den ersten Blick etwas merkwürdig aussehen: Wir befinden uns in der Tonart A-Dur, obwohl überhaupt kein Akkord A-Dur vorkommt! Mit etwas Übung wirst du solche Zusammenhänge aber immer leichter und schneller erkennen und in der Praxis großen Nutzen daraus ziehen.

B5.5 Anwendung Tonleiter A-Dur (Akkordfolge)

Das Griffbild der Dur-Tonleiter ‚Leersaite' kann auch auf andere Lagen übertragen werden. Dazu muss der **Finger 1** die Leersaite „ersetzen" und die Greifhand sich strecken, um den dritten und sechsten Ton zu erreichen (*siehe auch Kapitel Solos 5*). Dieses Griffbild ‚Dur-Tonleiter beginnend mit Finger 1' eröffnet uns eine neue Sicht auf Intervalle, zumindest was die Terz und die Sexte betrifft.

Intervalle von der Prime bis zur Oktave
dargestellt am Griffbild der Dur-Tonleiter ‚Leersaite'
(oder ‚Finger 1', *siehe Kapitel Solos 5*)

HIER SPIELT DIE MUSIK

☐ **B5.2 Play-Along** – Erfinde eine Basslinie basierend auf der Tonleiter E-Dur (Griffbild ‚Leersaite'). Ebenfalls nützlich ist hierfür das Drone-MP3 „E-Dur" auf der DVD.

SOLOS 5
DUR-TONLEITER ‚FINGER 1', DUR-TONLEITER IN TERZEN

Wenn wir das Griffbild der *Tonleiter A-Dur ‚Leersaite'* in die hohe Tonlage übertragen, erhalten wir dieses Griffbild, welches mit **Finger 1** beginnt. Da es sich über fünf Bünde erstreckt und die Greifhand nur vier Finger hat, muss sie sich spreizen. Dafür gibt es grundsätzlich zwei Möglichkeiten: Entweder für die ersten drei Töne die **Finger 1, 2, 4** zu verwenden oder aber die **Finger 1, 3, 4**. Probiere beides aus!

Griffbild Tonleiter A-Dur ‚Finger 1'

Solltest du Kontrabass oder bundlosen E-Bass spielen oder lernen wollen, empfehle ich gleich die Kombination der Finger 1, 2, 4, da sie auf jenen Instrumenten in der Regel zu einer besseren Intonation führt.

Bei den folgenden Fotos sollte bedacht werden, dass normalerweise nicht alle drei Finger gleichzeitig greifen. Die Fotos zeigen eine Dehnung, die man der Greifhand nicht zumuten sollte, zumindest nicht über längere Zeit. Wenn der Finger 4 greift, kann sich Finger 1 ruhig von der Saite lösen und zur Entspannung von Muskeln und Sehnen etwas nach rechts rutschen.

Fingersatz 1, 2, 4

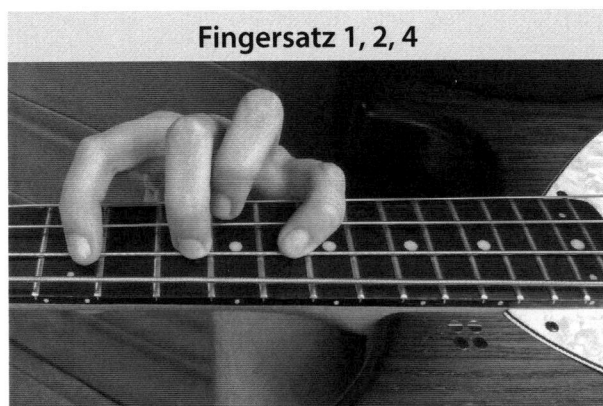

Fingersatz 1, 3, 4

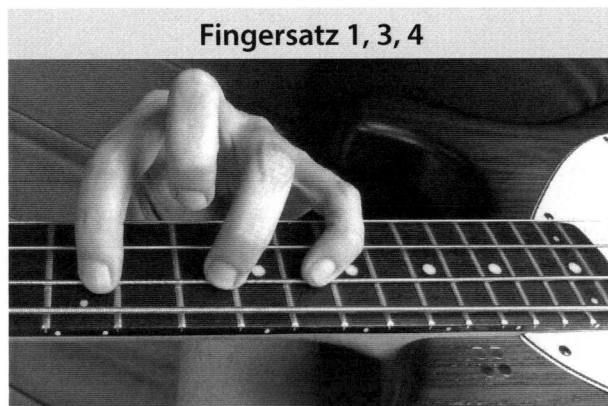

S5.1 Übung Tonleiter A-Dur, normal und in Terzen

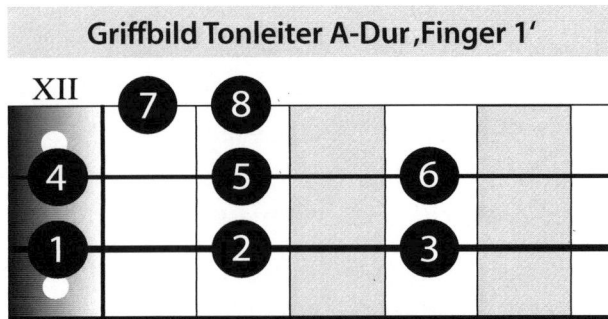

TONLEITER IN TERZEN

Die vorherige Übung enthält in der ersten Notenzeile die normale Tonleiter und in der zweiten Zeile die Tonleiter „in Terzen", soll heißen: in Dreier-Sprüngen, wenn man den Ausgangston mitzählt. Vom Grundton springt man also zur Terz der Tonleiter, dann von der zweiten zur vierten Note, von der dritten zur fünften Note, von der vierten zur sechsten und so fort. Wie immer bei solchen Übungen merke ich an: Etwas davon im Solo zu verwenden, kann für interessante melodische Motive sorgen. Eine Übertreibung klingt jedoch mechanisch.

Das folgende Beispiel verwendet die **Tonleiter A-Dur**, da die **Akkorde E-Dur und D-Dur die Stufen V und IV** daraus sind (*siehe Erklärung im Kapitel Basslinien 5*). Probiere ruhig aus, wie es klingt, wenn du hier die Tonleiter D-Dur oder E-Dur benutzt. Wahrscheinlich wirst du feststellen, dass die Tonleiter A-Dur am besten passt.

S5.2 Anwendung Tonleiter A-Dur ‚Finger 1' (Akkordfolge) E12

Das Griffbild der *Tonleiter E-Dur ‚Finger 1'* können wir leicht nach oben erweitern.

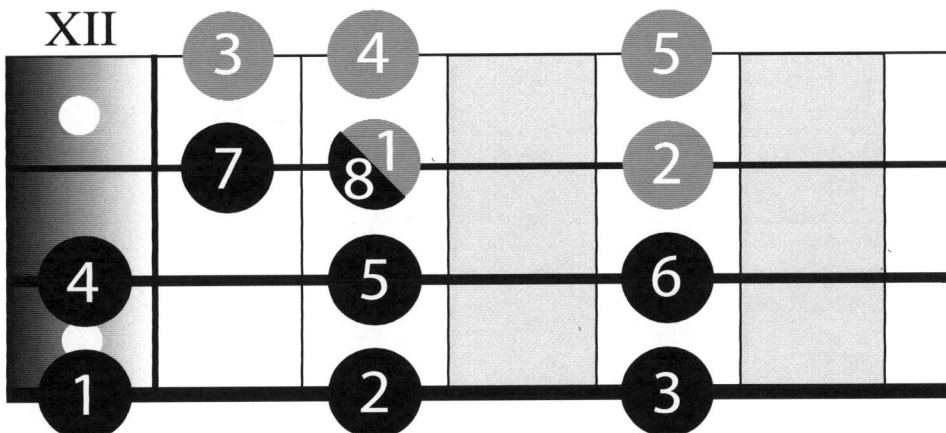

Griffbild Tonleiter E-Dur ‚Finger 1' erweitert

Das nächste Beispiel enthält die **Akkorde B-Dur, A-Dur und E-Dur**. Sie stellen die **Stufen V, IV und I** in der **Tonart E-Dur** dar. Obwohl die Funk-Begleitung rhythmisch auf Sechzehnteln basiert und somit eher hektisch wirkt, müssen wir uns als Solist davon nicht anstecken lassen und können langsamere Notenwerte wie Achtel verwenden, so wie in der ersten Notenzeile. Die zweite und dritte Zeile sind dann wieder vom Funk-Grundrhythmus, also von Sechzehnteln „infiziert".

S5.3 Anwendung Tonleiter E-Dur ‚Finger 1' erweitert (Akkordfolge)

Das folgende Griffbild zeigt die *Tonleiter D-Dur ‚Finger 2'* nach unten erweitert. Die *graue Linie* stellt die zusätzliche Saite eines fünfsaitigen Basses dar. Auf einem viersaitigen Bass lassen wir die ersten beiden Töne einfach weg. (Ein Trost für Viersaiter: In der hohen Tonlage klingt die fünfte Saite nicht so toll, sondern eher „matschig".)

Griffbild Tonleiter D-Dur ‚Finger 2' erweitert

S5.4 Tonleiter D-Dur ‚Finger 2' erweitert

HIER SPIELT DIE MUSIK

☐ **B3.7** – Improvisiere mit der Tonleiter B-Dur mit Finger 1 auf dem B (A-Saite, Bund 14). Verwende Vierer-Gruppen!

☐ **B4.7** – Improvisiere mit der Tonleiter C-Dur mit Finger 1 auf dem C (A-Saite, Bund 15). Verwende Terzen!

AKKORDE 5
DUR-DREIKLANG 2. UMKEHRUNG

Griffbild Tonleiter E-Dur ‚Finger 1' erweitert

Der Grundton muss nicht zwangsläufig der tiefste oder erste Ton in einem Akkord sein. In diesem Griffbild der Tonleiter E-Dur sind die *Quinte, Oktave* und *oktavierte Terz weiß* dargestellt.

Griffbild Dreiklang E-Dur, 2. Umkehrung

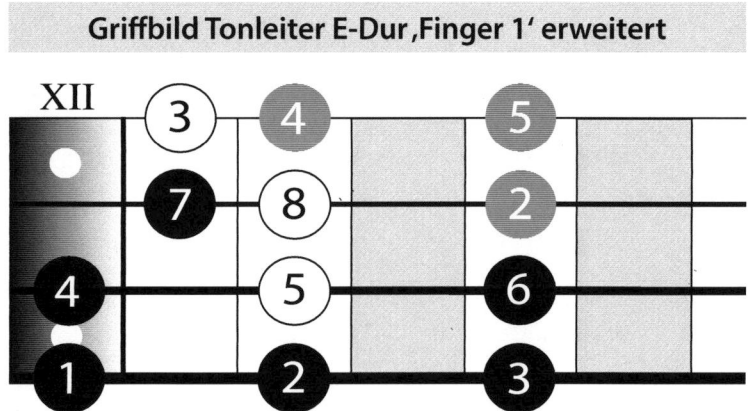

Wenn wir die Töne isolieren, gelangen wir zu diesem Griffbild. Prinzipiell ist es egal, in welcher Reihenfolge die Akkordtöne angeordnet sind. Ist bei einem Dreiklang der *Grundton* der erste Ton, spricht man von der *Grundstellung*. Ist die *Terz* der erste Ton, handelt es sich um die *1. Umkehrung*. Ist die *Quinte* der erste Ton, ergibt sich die *2. Umkehrung*.

Griffweise Dreiklang E-Dur, 2. Umkehrung

Am einfachsten zu greifen ist die *2. Umkehrung* mit **Finger 2** auf der *Quinte*, **Finger 3** auf *Oktave/Grundton* und **Finger 1** auf der *oktavierten Terz*.

Die *2. Umkehrung* des Dreiklangs besitzt einen helleren Klang als die Grundstellung. Im folgenden Beispiel wird der Griff von E-Dur nach D-Dur um *zwei Bünde tiefer* verschoben.

A5.1 Dreiklang 2. Umkehrung (Akkordfolge)   E12

Besonders interessant ist es, die *2. Umkehrung* des Dreiklangs mit anderen Griffweisen zu kombinieren.

A5.2 Dreiklang mit Oktave, Dreiklang 2. Umkehrung (Akkordfolge)   E11

HIER SPIELT DIE MUSIK

☐ **A2.3 Play-Along** – Erfinde eine Begleitung mit Dreiklängen in der 2. Umkehrung, beispielsweise mit Grundton G (D-Saite, Bund 17) und Grundton C (D-Saite, Bund 10).

☐ **A4.2 Play-Along** – Erfinde eine Begleitung mit Dreiklängen in der 2. Umkehrung, beispielsweise mit C in der Grundstellung und F und G in der 2. Umkehrung.

BASSLINIEN 6
DUR-TONLEITER ‚FINGER 4' (A♭, D♭)

Schließlich bleiben noch zwei Dur-Tonleitern übrig: A♭ und D♭. Technisch gesehen sind es die unbequemsten Tonleitern in der ersten Lage, da der *Grundton mit Finger 4* gegriffen wird, also mit dem vermeintlich schwächsten Finger.

Griffbild Tonleiter A♭-Dur ‚Finger 4'

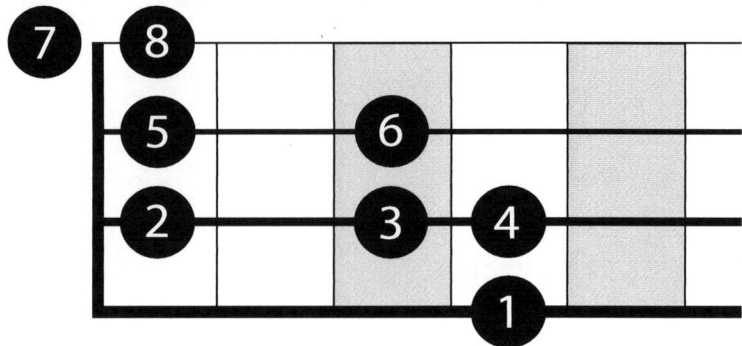

B6.1 Tonleiter A♭-Dur

Das folgende Beispiel enthält die Akkorde A♭-Dur und D♭-Dur. Sie können auf zwei verschiedene Weisen interpretiert werden:

> Entweder als Akkorde der Tonart A♭-Dur
> oder als Akkorde der Tonart D♭-Dur.

Beide Varianten möchte ich erläutern:

Zunächst verdeutlichen wir uns die Tonart A♭-Dur:

Innerhalb der **Tonleiter A♭-Dur** finden wir auf **Stufe I** den **Dreiklang A♭-Dur**. Auf **Stufe IV** erkennen wir den **Dreiklang D♭-Dur**, welcher komplett in der Tonleiter enthalten ist.

Lage des Dreiklangs A♭-Dur
in der Tonleiter A♭-Dur

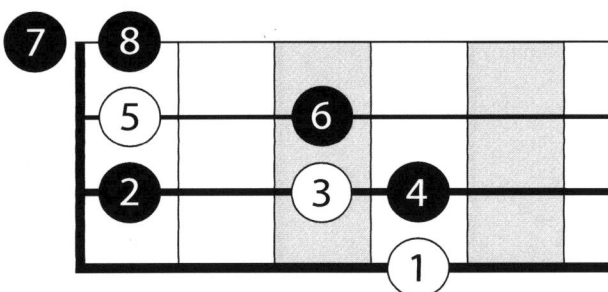

Lage des Dreiklangs D♭-Dur
in der Tonleiter A♭-Dur

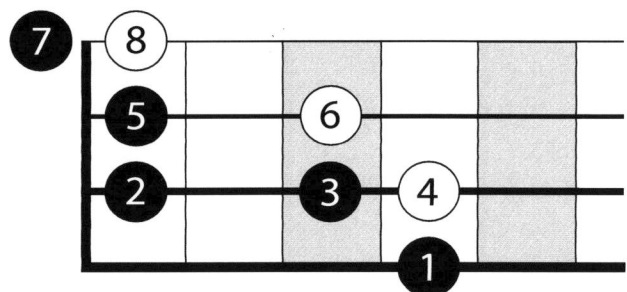

Da beide Akkorde in der Tonleiter Ab-Dur enthalten sind, sollte diese Tonleiter gut klingen bei der Gestaltung von Basslinien und Solos. Das folgende Beispiel zeigt in der ersten Notenzeile eine Basslinie, welche nur aus Akkordtönen besteht. In der zweiten Zeile fülle ich die Pausen mit Tönen aus der Tonleiter Ab-Dur.

B6.2 Dreiklänge, Verzierungen mit Tonleiter Ab-Dur E14

Nun beleuchten wir die gleichen Akkorde unter dem Gesichtspunkt der Tonart Db-Dur. Betrachten wir zunächst das Griffbild der **Tonleiter Db-Dur**, welches wie Ab-Dur mit **Finger 4** beginnt, aber eine Saite höher. Um die letzten zwei Töne zu erreichen, müssen wir in eine höhere Lage wechseln, *siehe Greifhand (GH) in* **B6.3**.

Griffbild Tonleiter Db-Dur ‚Finger 4'

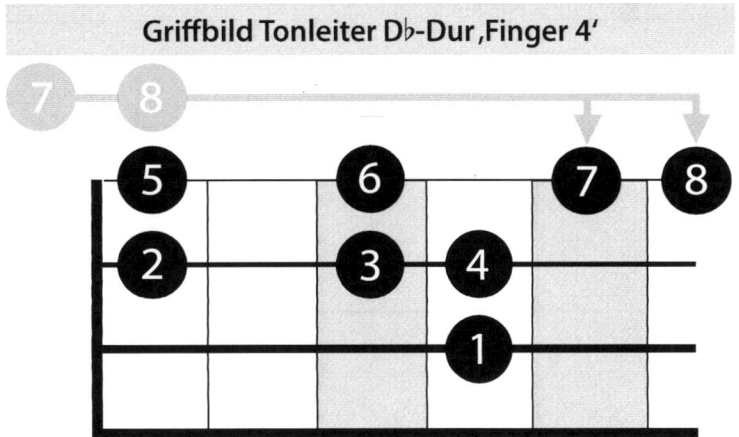

B6.3 Tonleiter Db-Dur

Griffbild Tonleiter D♭-Dur (erweitert)

Für das erweiterte Griffbild der Tonleiter D♭-Dur beginne ich eine Oktave weiter unten, mit **Finger 2** auf der fünften Saite (**grau dargestellt**) eines *fünfsaitigen* Basses.

5. Saite (Fünfsaiter):

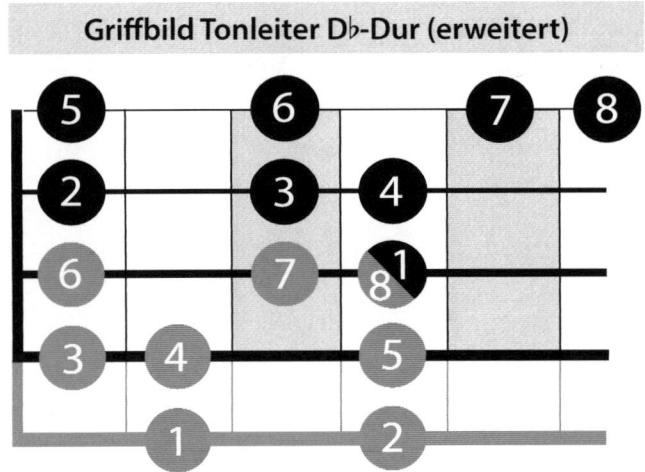

Nun möchte ich die Akkorde A♭-Dur und D♭-Dur untersuchen auf ihren Zusammenhang mit der **Tonleiter D♭-Dur**. Auf **Stufe I** finden wir den **Dreiklang D♭-Dur**. Auf **Stufe V** sehen wir den **Dreiklang A♭-Dur**, welcher komplett in der Tonleiter enthalten ist.

Lage des Dreiklangs D♭-Dur in der Tonleiter D♭-Dur

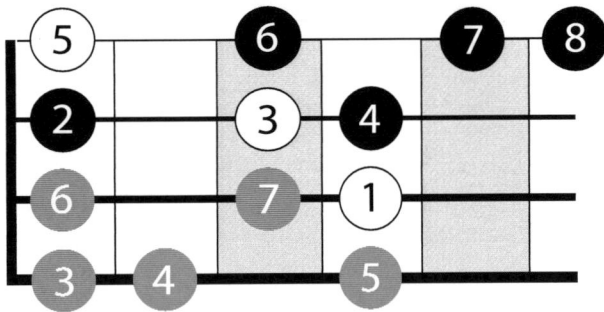

Lage des Dreiklangs A♭-Dur in der Tonleiter D♭-Dur

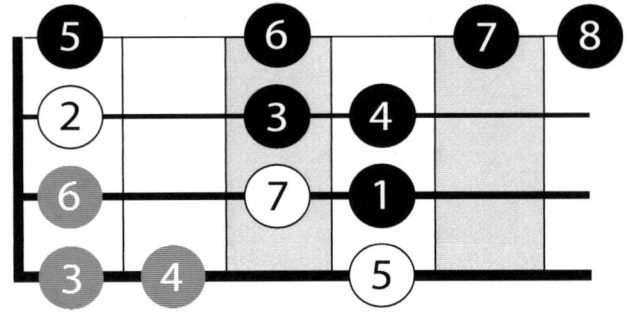

Da beide Akkorde in der Tonleiter D♭-Dur enthalten sind, sollte auch diese Tonleiter gut klingen bei der Gestaltung von Basslinien und Solos. **B6.4** verwendet die gleiche Basslinie wie im vorigen Beispiel, nur dass die Pausen in der zweiten Notenzeile diesmal mit Tönen aus der Tonleiter D♭-Dur gefüllt werden.

B6.4 Dreiklänge, Verzierungen mit Tonleiter D♭-Dur E14

Wahrscheinlich hast du bemerkt, dass der Unterschied zwischen den Tonleitern Ab-Dur und Db-Dur nicht allzu groß ist. Das liegt daran, dass sich beide Tonleitern in nur einem Ton unterscheiden, nämlich im Ton G:

Tonleiter Ab-Dur: Ab Bb C Db Eb F **G** (Ab) (Bb) (C)

Tonleiter Db-Dur: Db Eb F **Gb** Ab Bb C

Nun haben wir gesehen, dass in unserem Beispiel beide Tonleitern funktionieren können. Welche ist aber die bessere Wahl? Hätten wir noch weitere Akkorde, müssten wir überprüfen, ob diese zur Tonart Ab-Dur oder Db-Dur passen. Gibt es keine weiteren Akkorde, hilft es festzustellen, ob in der Melodie des Songs der Ton G oder Gb vorkommt. Handelt es sich um ein Stück oder eine Passage ohne Melodie, hilft nur Ausprobieren oder sich mit den Mitmusikern abzusprechen.

Zum Schluss ein Beispiel mit denselben Akkorden. Für die Basslinie verwende ich diesmal die erweiterte Tonleiter Db-Dur.

B6.5 Dreiklänge, Verzierungen mit Tonleiter Db-Dur (erweitert) E14

INTERVALLE

In den ersten Jahren meines musikalischen Lernprozesses stand ich mit der Musiktheorie auf Kriegsfuß. Beispielsweise lernte ich, dass das Intervall der Septime fünfeinhalb Tönen entspricht. So weit, so gut, aber bis ich das ausgerechnet hatte, war der Song bereits vorbei und an eine spontane Basslinie oder ein improvisiertes Solo nicht zu denken. Musiker, die so etwas beherrschen, hielt ich für Mathe-Genies.

Erst Jahre später, während meines Studiums in Los Angeles, machte es bei mir Klick: Die von der klassischen Musik geprägte Sichtweise der Europäer und insbesondere die lateinischen Bezeichnungen der *Intervalle* waren nur unnötiges Beiwerk. Die vergleichsweise einfachere englische Sprache und der moderne Ansatz der US-Amerikaner öffneten mir die Augen:

Intervalle konnte man anstelle von mathematischen Abständen einfach als Töne einer Tonleiter betrachten. Eine *Terz* war nun nichts anderes als der *dritte Ton* einer Tonleiter. Dass ich das nicht schon früher durchschaut hatte! Anhand des mir bekannten Griffbildes der Tonleiter konnte ich nun ganz einfach Intervalle auf dem Griffbrett finden.

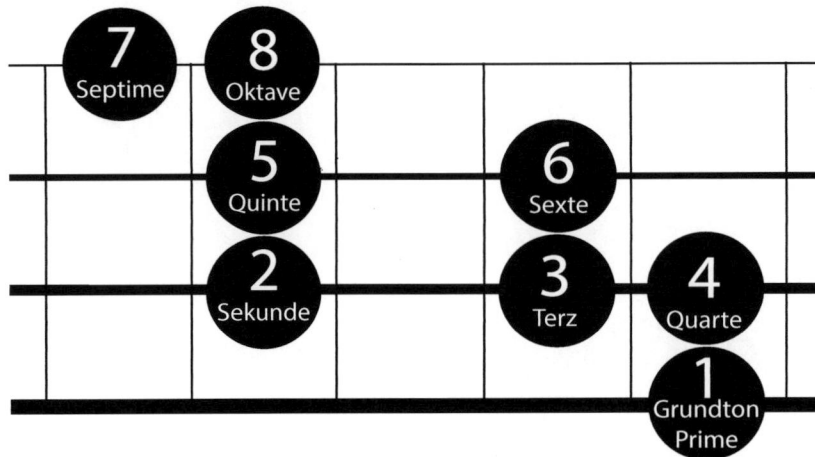

Die drei wichtigsten Griffbilder für die Dur-Tonleiter haben wir nun gelernt. Wiederhole sie, wenn du sie noch nicht auswendig weißt. Sie beginnen mit:

‚Finger 2' (*Kapitel 3*)
‚Finger 1' (*Kapitel 5*)
‚Finger 4' (*Kapitel 6*)

Aus den Griffbildern der Dur-Tonleiter können wir ein Griffbild für jedes einzelne Intervall ableiten, für manche Intervalle sogar zwei verschiedene Griffe. Veranschauliche dir die Griffbilder für jedes Intervall auf den nächsten zwei Seiten. Einfacher kann Musiktheorie nicht sein: Wer die Dur-Tonleiter kennt, kennt auch alle darin vorkommenden Intervalle.

Die Intervalle, die in der Dur-Tonleiter vorkommen, sind allesamt „große" Intervalle, mit Ausnahme der *Quarte*, *Quinte* und *Oktave*: Bei diesen spricht man nicht von großen, sondern von „reinen" Intervallen. Merke: ***Alle Intervalle in der Dur-Tonleiter sind entweder „groß" oder „rein".***

2 **Sekunde** **(groß)**   Abstand zwischen Grundton und *zweitem* Ton der Dur-Tonleiter
Variante 1   **Variante 2**

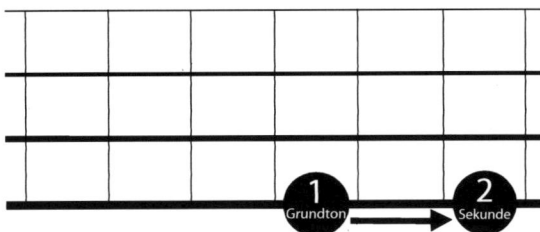
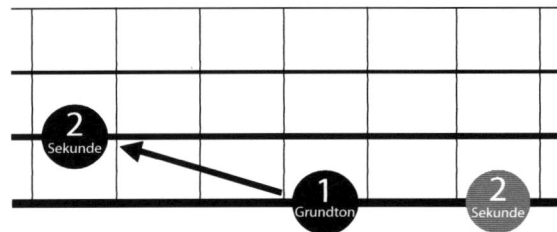

3 **Terz** **(groß)**   Abstand zwischen Grundton und *drittem* Ton der Dur-Tonleiter
Variante 1   **Variante 2**

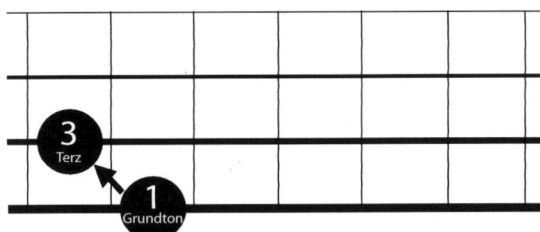
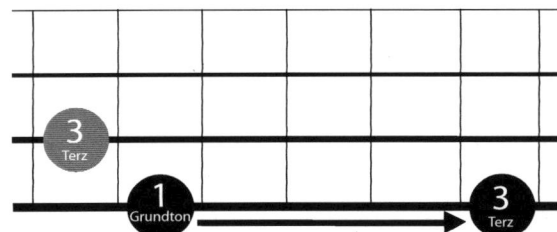

4 Quarte (rein)   Abstand zwischen Grundton und *viertem* Ton der Dur-Tonleiter
Variante 1

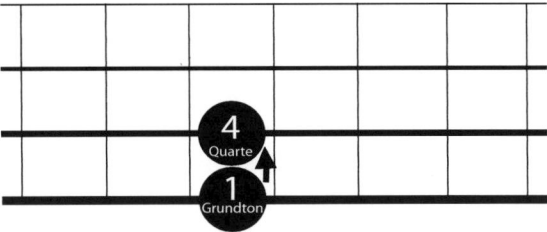

5 Quinte (rein)   Abstand zwischen Grundton und *fünftem* Ton der Dur-Tonleiter
Variante 1   **Variante 2**

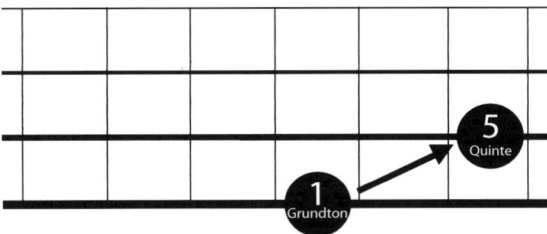

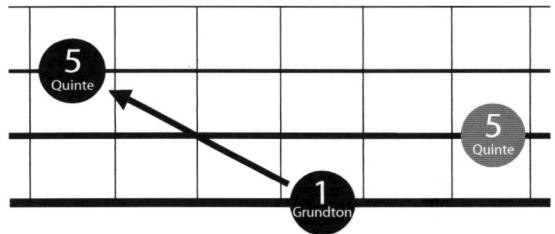

6 Sexte (groß)   Abstand zwischen Grundton und *sechstem* Ton der Dur-Tonleiter
Variante 1   **Variante 2**

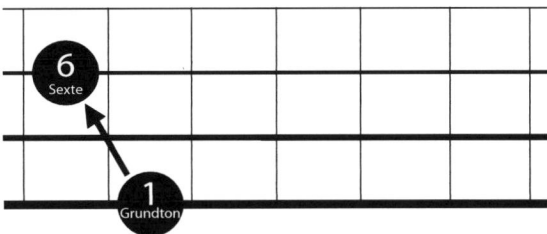

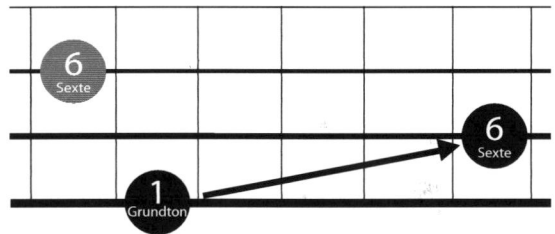

7 Septime (groß)   Abstand zwischen Grundton und *siebtem* Ton der Dur-Tonleiter
Variante 1

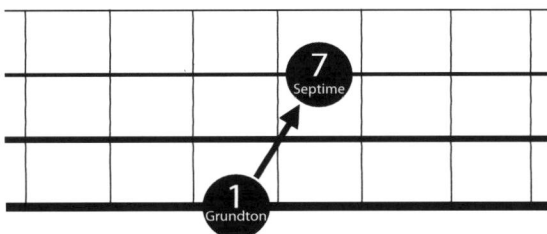

8 Oktave (rein)   Abstand zwischen Grundton und *achtem* Ton der Dur-Tonleiter
Variante 1   **Variante 2**

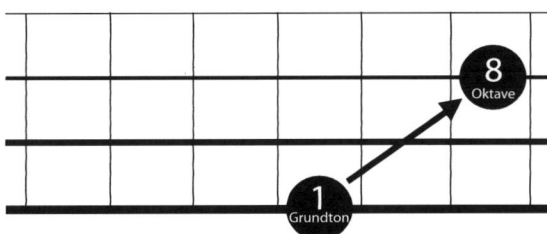

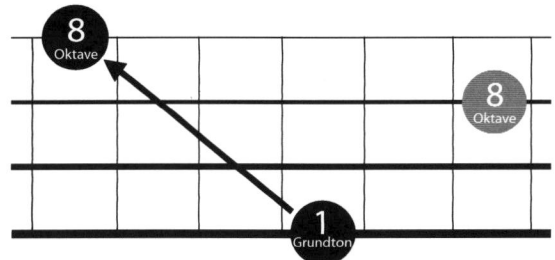

HIER SPIELT DIE MUSIK

☐ **B3.7 Play-Along** – Erfinde zwei Basslinien: Eine Linie basierend auf der Tonleiter B-Dur, und eine Linie basierend auf der Tonleiter F♯-Dur. Analysiere, welche Stufen die Akkorde jeweils darstellen!

☐ **B5.1 Play-Along** – Übe alle drei Griffbilder der Tonleiter A-Dur ab dem Grundton A (E-Saite, Bund 5): Für das Griffbild ‚Finger 2', beginne mit Finger 2 auf dem Grundton, für das Griffbild ‚Finger 1' mit Finger 1 auf dem Grundton, und für das Griffbild ‚Finger 4' starte mit Finger 4 auf dem Grundton.

Wiederhole die Übung langsam und vollziehe bei jedem gegriffenen Ton nach, welches Intervall er im Verhältnis zum Grundton bildet. Hierfür eignet sich auch das Drone-MP3 „A-Dur" auf der DVD.

☐ An diesem Punkt des Buches haben wir alle Dur-Dreiklänge und Dur-Tonleitern gelernt. Übe die Anwendung aller Dur-Dreiklänge mithilfe der Drill-Übungen **D13.1** und **D13.2** im Anhang (*Kapitel 13*)!

SOLOS 6
DUR-TONLEITER IN QUARTEN

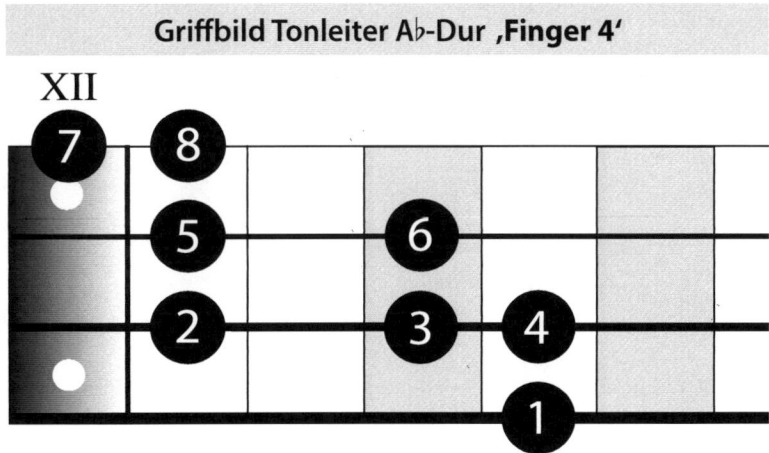

Griffbild Tonleiter A♭-Dur ‚Finger 4'

Wenn wir die **Tonleiter A♭-Dur** in die höhere Tonlage übertragen, erhalten wir dieses Griffbild, welches mit **Finger 4** beginnt.

XII

Die folgende Übung stellt in der ersten Notenzeile die Tonleiter A♭-Dur aufwärts und abwärts vor. In der zweiten Zeile wird die Tonleiter in einem Intervall gespielt. Das beliebteste Intervall zum Üben von Tonleitern ist die *Terz*, aber grundsätzlich kann auch jedes andere Intervall verwendet werden. Hier benutze ich *Quarten*: Vom ersten Ton springen wir zum *vierten Ton* (= Quarte), vom zweiten Ton zum fünften, vom dritten zum sechsten und so fort.

S6.1 Übung Tonleiter A♭-Dur, normal und in Quarten

Im folgenden Beispiel verwende ich die **Tonleiter A♭-Dur**, weil ich die **Akkorde A♭-Dur und D♭-Dur** als die **Stufen I und IV** ansehe. Als Fingersatz empfehle ich die Griffweise mit Finger 2 auf dem A♭ (E-Saite, Bund 16).

Griffbild Tonleiter A♭-Dur ‚Finger 2' (erweitert)

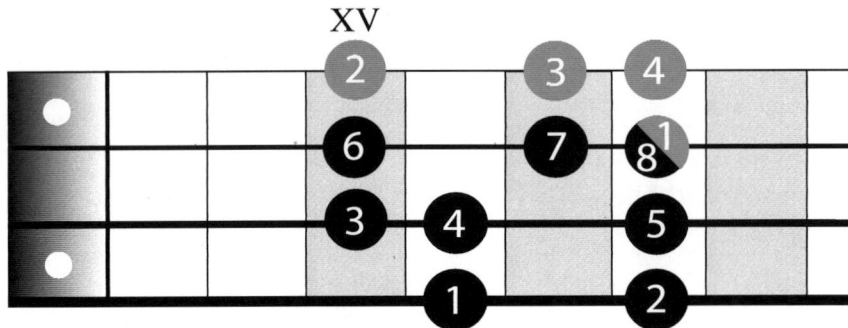

S6.2 Anwendung Tonleiter A♭-Dur ‚Finger 2', erweitert (Akkordfolge)   E14

Das nächste Beispiel enthält dieselben **Akkorde A♭-Dur und D♭-Dur**, jedoch interpretiere ich sie diesmal als die **Stufen V und I** der **Tonart D♭-Dur**, verwende also die Tonleiter D♭-Dur für das Solo. Zunächst übertrage ich das Griffbild der erweiterten Tonleiter D♭-Dur in die höhere Tonlage.

Griffbild Tonleiter D♭-Dur ‚Finger 2' (erweitert)

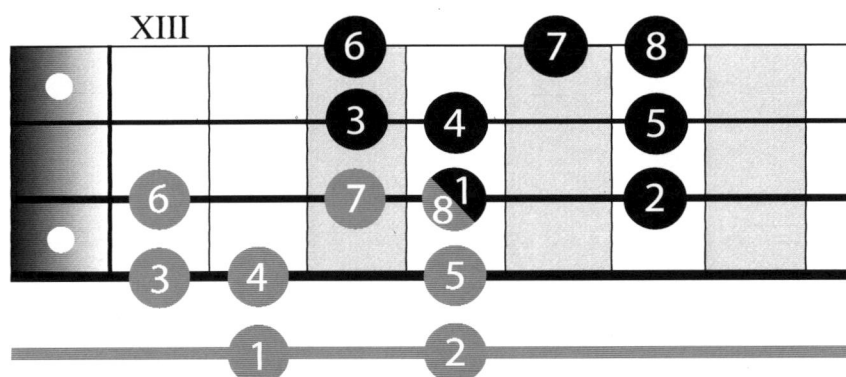

5. Saite (Fünfsaiter):

S6.3 Anwendung Tonleiter Db-Dur ‚Finger 2‘, erweitert (Akkordfolge)

In den Beispielen **S6.2** und **S6.3** habe ich mit Absicht fast die gleichen Phrasen benutzt, um den Wechsel von der Tonleiter Ab-Dur zur Tonleiter Db-Dur hörbar zu machen. Da beide Tonleitern in nur einem Ton verschieden sind, ist der Unterschied nicht dramatisch groß, sondern eher: klein aber fein!

HIER SPIELT DIE MUSIK

☐ **B3.5** – Improvisiere mit den Tonleitern F#-Dur und B-Dur. Welche Stufen stellen die Akkorde in der jeweiligen Tonart dar?

☐ An diesem Punkt des Buches haben wir bereits alle Dur-Dreiklänge und Dur-Tonleitern auf Solos angewendet. Übe die solistische Verwendung aller Dur-Dreiklänge mithilfe der Drill-Übung **D13.1** im *Anhang (Kapitel 13)*!

AKKORDE 6
DUR-DREIKLANG MIT QUINTE UND OKTAVIERTER TERZ, VERSCHIEDENE KOMBINATIONEN

Das Griffbild zeigt den Dreiklang **Ab-Dur** mit *Grundton, Quinte* und der *oktavierten Terz*. Das ist technisch gesehen etwas schwieriger zu greifen als die Variante mit der *Oktave (Kapitel 4)*. Diese Version mit der Quinte klingt etwas voller, aber dafür auch etwas weniger klar.

Griffbild Dur-Dreiklang mit Quinte und oktavierter Terz

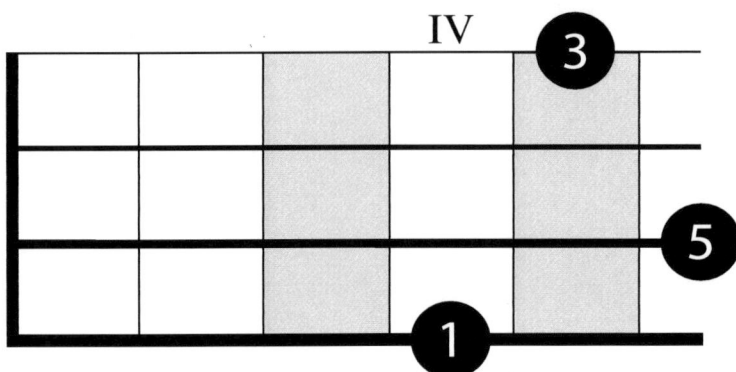

Griffweise mit Fingern 1, 3, 2

Griffweise mit Fingern 1, 4, 3

In Beispiel **A6.1** spielen wir den Dreiklang Ab-Dur in tiefer Tonlage. Das funktioniert meist nur, wenn kein anderer Bassist gleichzeitig eine Basslinie spielt.

A6.1 Dreiklang mit Quinte und oktavierter Terz

An dieser Stelle sollen alle bisher gelernten Akkordgriffe wiederholt und geübt werden. Ich beginne mit dem Oktavgriff. Dieser stellt zwar streng genommen keinen richtigen Akkord dar, aber besonders wenn man sich an ein neues Stück herantastet, kann er ein guter Anfangspunkt sein. Höre bei den folgenden Beispielen gut zu und frage dich, welche dir am besten gefallen. Präge dir deine Lieblingsvarianten gut ein, damit du sie in einem anderen Song schnell abrufen kannst.

In den folgenden Griffbildern wird der **Akkord A♭-Dur** immer **schwarz** dargestellt, der **Akkord D♭-Dur** hingegen **weiß**.

A6.2 Oktavgriff

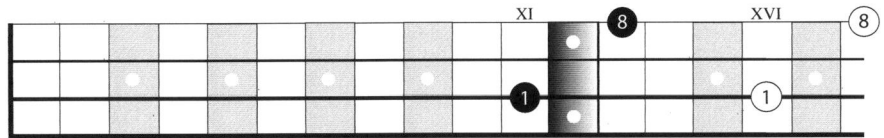

A6.3 Power-Akkord
(Kapitel 1)

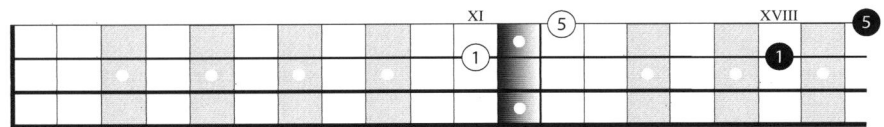

A6.4 Power-Akkord mit Oktave
(Kapitel 1)

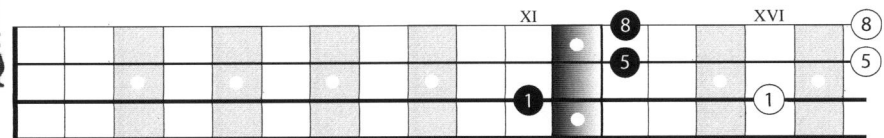

A6.5 Dreiklang Grundstellung (*Kapitel 2*)

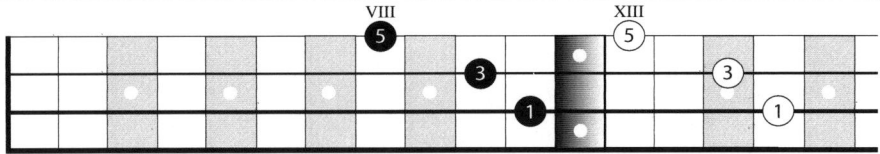

E14

A6.6 Dreiklang mit Oktave (*Kapitel 3*)

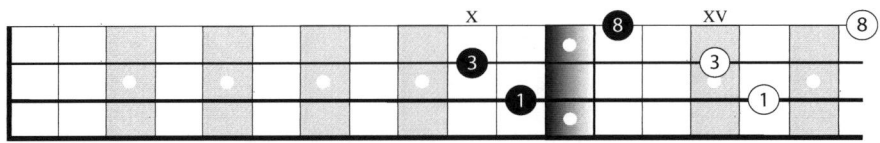

E14

A6.7 Dreiklang mit Quinte und oktavierter Terz (*Kapitel 6*)

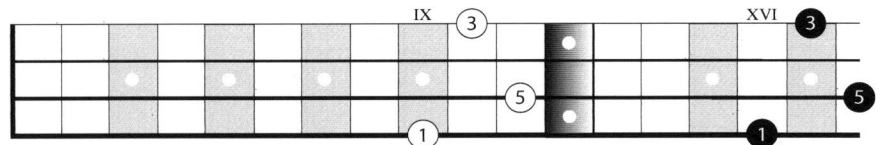

E14

A6.8 Dreiklang mit oktavierter Terz (*Kapitel 4*)

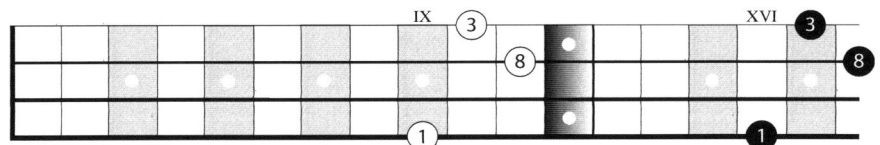

E14

A6.9 Dreiklang
2. Umkehrung
(*Kapitel 5*)

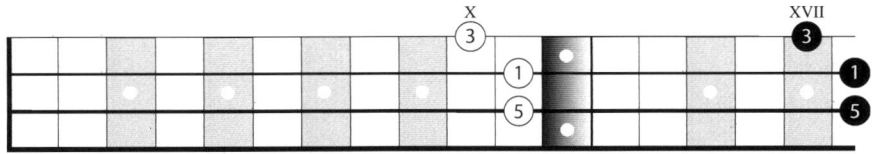

A6.10 Dreiklang
Grundstellung,
Dreiklang 2. Umkehrung

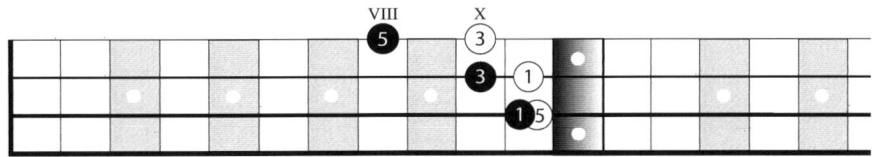

A6.11 Dreiklang
mit Oktave,
Dreiklang Grundstellung

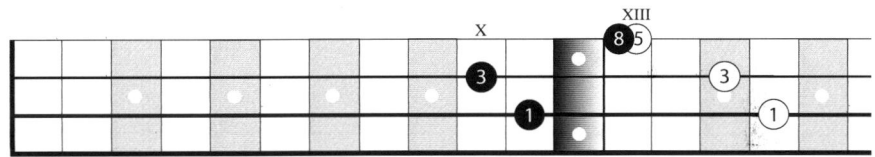

A6.12 Dreiklang
mit Oktave,
Dreiklang 2. Umkehrung

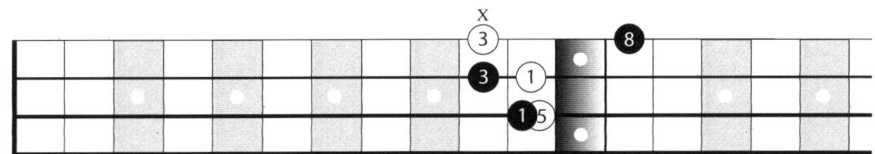

**A6.13 Dreiklang
2. Umkehrung,
Dreiklang mit Oktave**

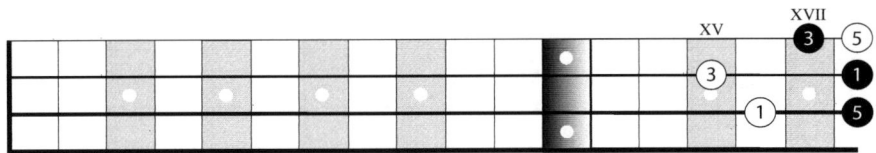

E14

**A6.14 Dreiklang
mit oktavierter Terz,
Dreiklang mit Oktave**

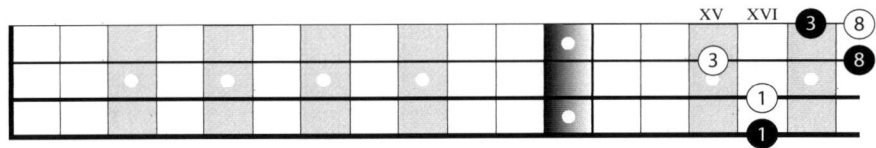

E14

**A6.15 Dreiklang
mit oktavierter Terz,
Power-Akkord mit Oktave**

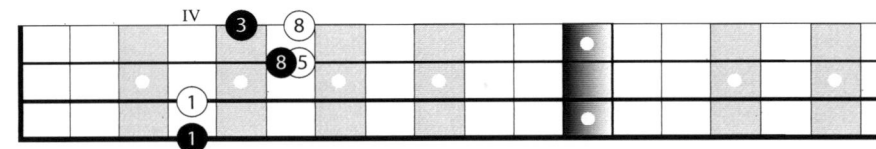

E14

HIER SPIELT DIE MUSIK

Welche zwei Akkord-Beispiele aus diesem Kapitel haben dir am besten gefallen? Übertrage sie auf diese Akkordfolgen:

☐ **A2.3 Play-Along**

☐ **A3.3 Play-Along**

☐ An diesem Punkt des Buches haben wir alle Dur-Dreiklänge gelernt. Übe ihre Anwendung mithilfe der Drill-Übungen **D13.1** und **D13.2** im *Anhang (Kapitel 13)*!

BASSLINIEN 7
MOLL-TONLEITER ‚LEERSAITE' | ‚FINGER 1' (A, E, D, F, B♭, E♭)
MOLL-DREIKLANG, MOLL-TONART (STUFEN I, IV)

DIE MOLL-TONLEITER

Die *Moll-Tonleiter* gibt es in verschiedenen Formen. Die wichtigste Form ist „reines Moll", auch „natürliches Moll" genannt. Sie ist nach der Dur-Tonleiter die wichtigste und am häufigsten verwendete Tonleiter in der abendländischen Musik. Wann immer in diesem Buch nur von der Moll-Tonleiter die Rede ist, ist die reine Moll-Tonleiter gemeint.

Von der Dur-Tonleiter unterscheidet sich die Moll-Tonleiter nur in drei Tönen, und zwar im *dritten*, *sechsten* und *siebten Ton*. **In der Moll-Tonleiter liegen die Töne Nummer drei, sechs und sieben einen Halbton tiefer, also einen Bund „weiter links" auf dem Griffbrett.**

Griffbild Tonleiter A-Dur ‚Leersaite' (*Kapitel 5*)

Betrachten wir dies am Beispiel der Tonleiter **A-Dur**. Die Töne Nummer *drei*, *sechs* und *sieben* sind *grau* dargestellt und sollen einen Bund tiefer gespielt werden.

Griffbild Tonleiter A-Moll ‚Leersaite'

Wir erhalten das Griffbild der Tonleiter **A-Moll**. Das Vorzeichen „♭" bedeutet, dass dieser Ton um einen Halbton erniedrigt wurde.

Die *Intervall-Formel* für die Moll-Tonleiter lautet also:

1   2   ♭**3**   4   5   ♭**6**   ♭**7**   8

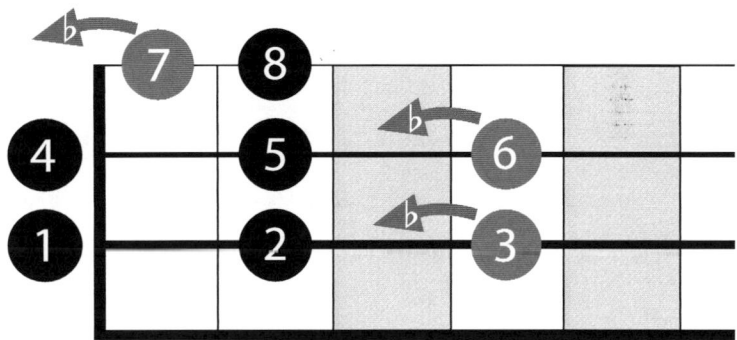

B7.1 Tonleiter A-Moll

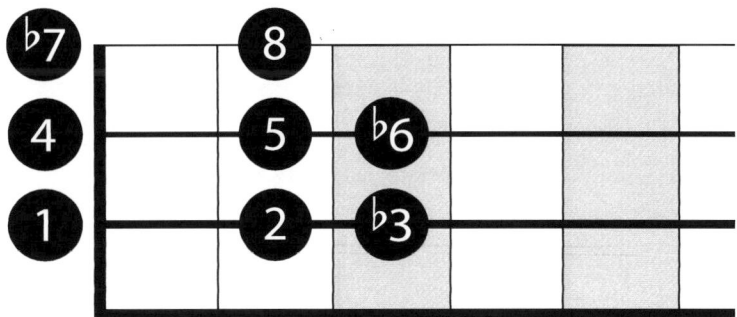

| GH: | 0 | 1 | 2 | 0 | 1 | 2 | 0 | 1 | 1 | 0 | 2 | 1 | 0 | 2 | 1 | 0 |

In den vorigen Kapiteln haben wir gesehen, dass alle Intervalle in der Dur-Tonleiter (vom Grundton aus gesehen) entweder *groß* oder *rein* sind. Die Moll-Tonleiter unterscheidet sich nur in drei Tönen, und zwar im dritten, sechsten und siebten Ton.

Merke: Die Moll-Tonleiter besitzt eine *kleine Terz, kleine Sexte* und *kleine Septime*, oder in Kurzform: ♭3, ♭6, ♭7. Alle anderen Intervalle gleichen der Dur-Tonleiter (*große Sekunde, reine Quarte, reine Quinte*).

Das folgende Beispiel zeigt Ideen, wie man die Moll-Tonleiter zur Kreation einer Rock-Basslinie nutzen kann.

B7.2 Anwendung Tonleiter A-Moll 15

Rock   Am

DER MOLL-DREIKLANG

Den Dreiklang können wir wie immer herleiten, indem wir aus der Tonleiter den ersten, dritten und fünften Ton isolieren. Da wir diesen Dreiklang aus der Tonleiter A-Moll ableiten, erhalten wir den Dreiklang A-Moll. In der Akkordschrift wird ein Moll-Dreiklang mit dem Kleinbuchstaben „**m**" abgekürzt. Der Dreiklang A-Moll wird in Kurzform also „**Am**" geschrieben. Oft wird anstelle des „m" auch ein „–" (Minuszeichen) notiert, besonders bei handgeschriebenen Akkordsymbolen. (*Hinweis: Im Englischen können Moll-Akkorde auch mit „MI" oder „min" abgekürzt werden für minor = moll. In der klassischen Musik werden für Moll-Akkorde **Kleinbuchstaben** verwendet: Der Akkord „Am" ist dann einfach nur ein „a". Das ist verwirrend, deshalb sollte man auf solche Situationen vorbereitet sein.*)

Im Vergleich zwischen Moll-Dreiklang und Dur-Dreiklang sehen wir, dass sie sich nur in einem Ton unterscheiden: Der Moll-Dreiklang besitzt eine *kleine Terz* (♭3), der Dur-Dreiklang eine *große Terz*. Der Grundton und die Quinte sind gleich.

Griffbild Dreiklang A-Moll ‚Leersaite'

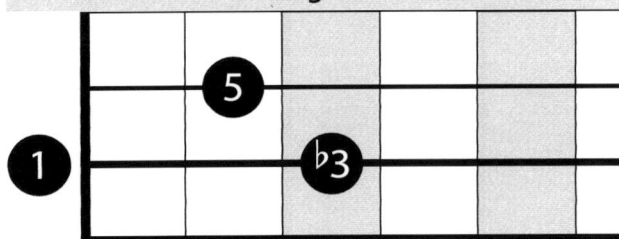

Griffbild Dreiklang A-Dur ‚Leersaite'

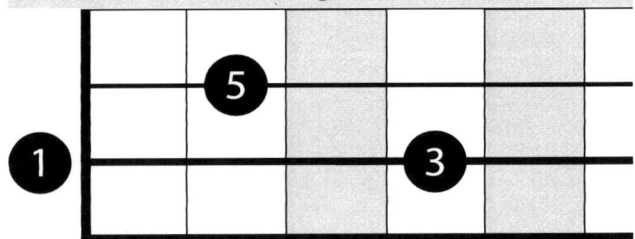

Spiele noch einmal die Moll-Tonleiter und den Moll-Dreiklang. Wie empfindest du den Klang? Als melancholisch oder vielleicht sogar als depressiv? Jeder Mensch kann unterschiedlich auf diese Frage antworten.

Spiele nun die Tonleiter A-Dur und danach die Tonleiter A-Moll. Wie würdest du den Kontrast zwischen beiden beschreiben? Versuche dir bewusst zu machen, wie du persönlich diesen Unterschied wahrnimmst und welche Gefühle die jeweilige Tonleiter in dir auslöst. Die Theorie soll dir dabei helfen, beim Publikum bestimmte Emotionen und Reaktionen hervorzurufen. Dafür musst du den Klang einer Tonleiter und eines Akkordes mit einem Gefühl in Verbindung bringen und „abspeichern".

Für die Tonleiter **E-Moll** müssen wir lediglich das Griffbild von A-Moll um eine Saite nach unten verschieben.

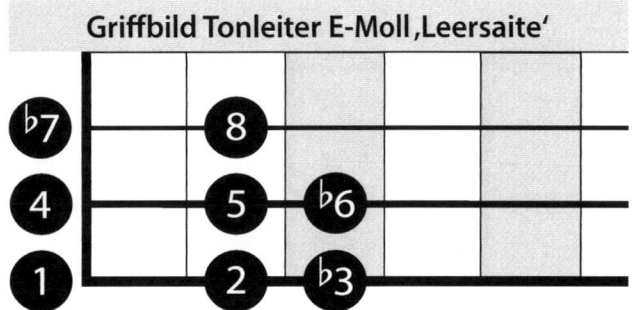

Griffbild Tonleiter E-Moll ,Leersaite'

B7.3 Tonleiter E-Moll

Griffbild Dreiklang E-Moll ,Leersaite'

Die Ableitung des Dreiklangs E-Moll sollte kein Problem darstellen.

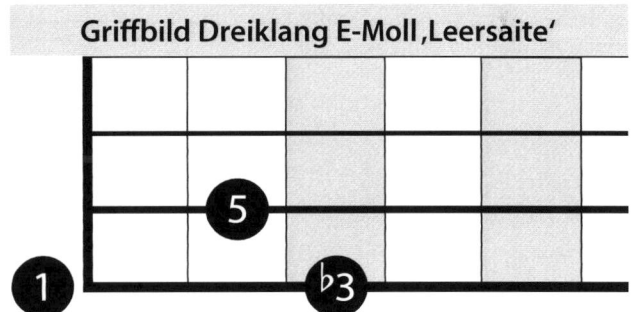

Das nächste Beispiel verwendet die Akkorde E-Moll und A-Moll. Beide Akkorde sind in der Tonleiter E-Moll enthalten. Somit eignet sich diese Tonleiter zum Erstellen einer Basslinie.

Lage des Dreiklangs E-Moll
in der Tonleiter E-Moll

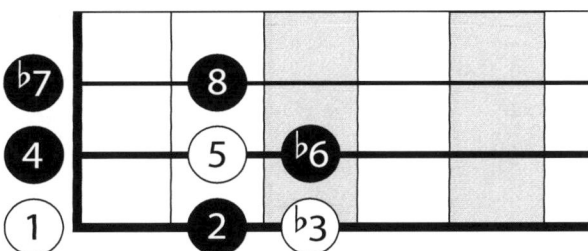

Lage des Dreiklangs A-Moll
in der Tonleiter E-Moll

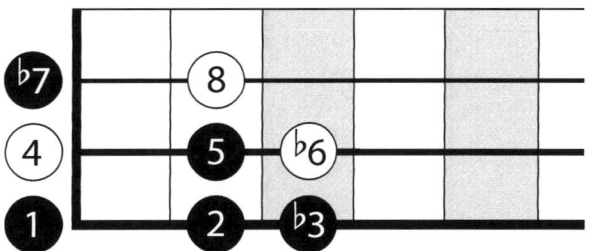

Die **Dreiklänge E-Moll und A-Moll** können also als die **Stufen I und IV** der **Tonleiter E-Moll** betrachtet werden.

Viele Basslinien basieren auf Akkordtönen. In der ersten Notenzeile des folgenden Beispiels werden nur die jeweiligen Dreiklänge verwendet. In der zweiten Zeile wird die Tonleiter E-Moll genutzt, um die Grundtöne miteinander zu verbinden.

B7.4 Moll-Dreiklang, Verzierungen mit Tonleiter E-Moll (Akkordfolge) E16

Griffbild Tonleiter D-Moll ‚Leersaite'

Die Tonleiter **D-Moll** beginnt mit dem gleichen Griffbild, jedoch müssen die letzten beiden Töne in einer höheren Lage gegriffen werden.

B7.5 Tonleiter D-Moll

Das gleiche Griffbild kann für die Tonleiter **F-Moll** angewendet werden, nur dass der Grundton nun nicht mehr als Leersaite gespielt, sondern mit Finger 1 gegriffen wird.

Griffbild Tonleiter F-Moll ‚Finger1'

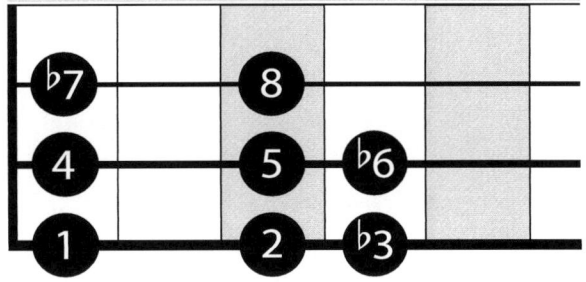

B7.6 Tonleiter F-Moll

Fm

Hier das gleiche Griffbild für die Tonleiter **B♭-Moll**. In *grauer Farbe* sind die Noten dargestellt, welche das Griffbild nach unten erweitern.

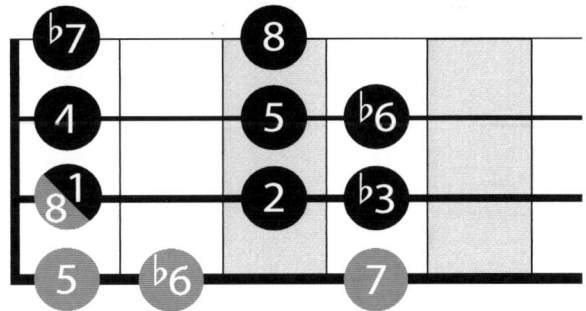

Griffbild Tonleiter B♭-Moll ‚Finger1' (erweitert)

B7.7 Tonleiter B♭-Moll

B♭m   erweitert

Das nächste Beispiel verwendet die **Akkorde F-Moll und B♭-Moll**. Beide Akkorde sind in der **Tonleiter F-Moll** enthalten und stellen die **Stufen I und IV** dar. Somit eignet sich diese Tonleiter zum Erstellen einer Basslinie.

Lage des Dreiklangs F-Moll in der Tonleiter F-Moll

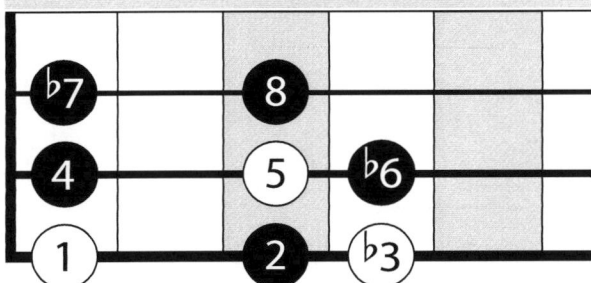

Lage des Dreiklangs B♭-Moll in der Tonleiter F-Moll

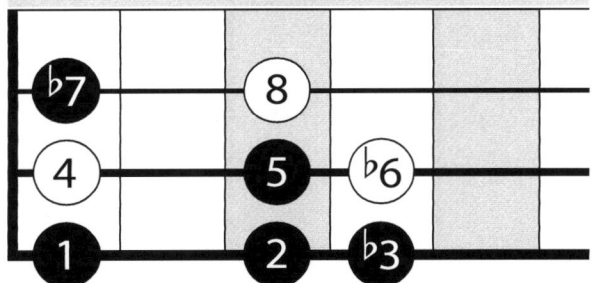

Nun möchte ich den Spieß aber umdrehen, denn die Akkorde F-Moll und B♭-Moll sind ebenfalls in der Tonleiter B♭-Moll enthalten. B♭ ist der erste Ton der Tonleiter, F der fünfte Ton. Wir können also die **Akkorde B♭-Moll und F-Moll** auch interpretieren als die **Stufen I und V** der **Tonleiter B♭-Moll**.

Lage des Dreiklangs B♭-Moll
in der Tonleiter B♭-Moll

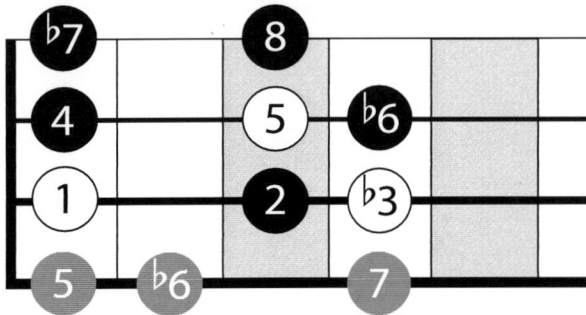

Lage des Dreiklangs F-Moll
in der Tonleiter B♭-Moll

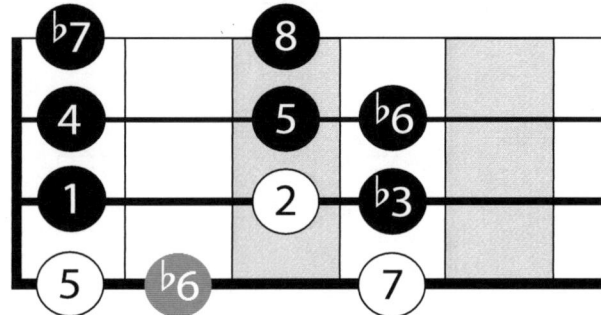

B7.8 Verzierungen mit Tonleiter B♭-Moll (Akkordfolge) E17

Die Tonleiter **E♭-Moll** beginnt mit dem gleichen Griffbild, jedoch müssen die letzten beiden Töne in einer höheren Lage gegriffen werden.

Griffbild Tonleiter E♭-Moll ‚Finger1'

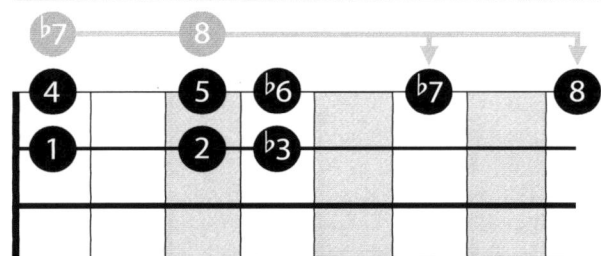

B7.9 Tonleiter Eb-Moll

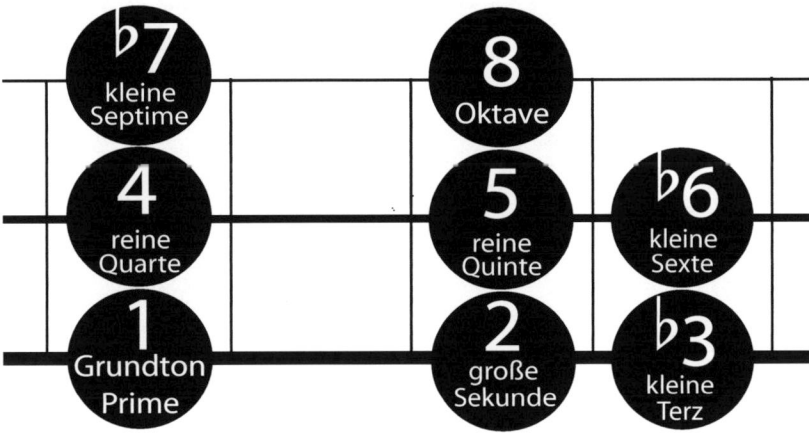

| GH: | 1 | 3 | 4 | 1 | | 3 | 4 → | 1 | | 3 | | 3 | 1 → | 4 | | 3 | | 1 | 4 | 3 | 1 |
| GH alternativ: | | | | 1 → | | 1 | 2 | 4 → | | 4 | | 4 → | 4 | 2 | | 1 → | | 1 | | | |

Intervalle von der Prime bis zur Oktave
dargestellt am Griffbild der (reinen) Moll-Tonleiter ‚Finger 1'

HIER SPIELT DIE MUSIK

☐ **B7.8 Play-Along** – Erfinde eine Basslinie mit Verzierungen aus der Tonleiter F-Moll.

SOLOS 7
MOLL-TONLEITER ‚FINGER 1' (A, E, D, F, B♭, E♭)
MOLL-TONLEITER IN DREIER-GRUPPEN, MOLL-DREIKLANG

Wenn wir das Griffbild der Tonleiter **A-Moll** in die hohe Lage übertragen, erhalten wir den typischen Fingersatz für die Moll-Tonleiter und den Moll-Dreiklang, welcher mit ‚Finger 1' auf dem Grundton beginnt.

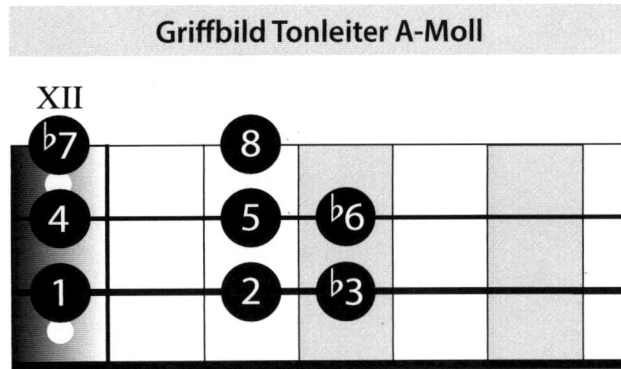

Griffbild Tonleiter A-Moll

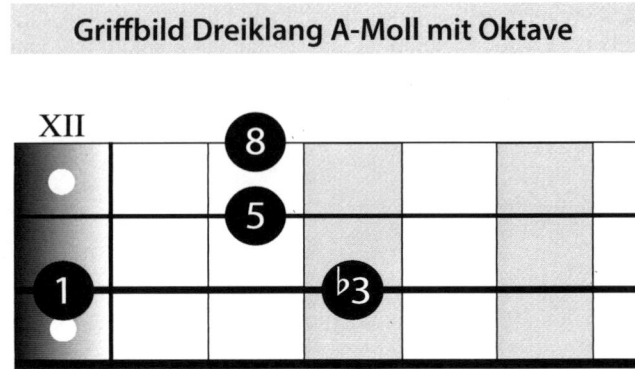

Griffbild Dreiklang A-Moll mit Oktave

Das Griffbild der Tonleiter **E-Moll** sieht genauso aus, nur um eine Saite nach unten verschoben. Das Griffbild für den Dreiklang E-Moll wiederholt sich ab der Oktave.

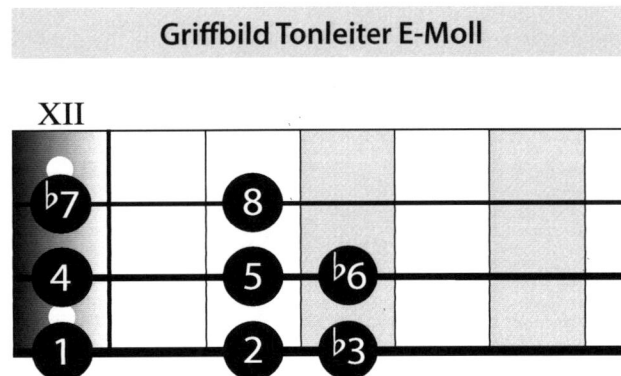

Griffbild Tonleiter E-Moll

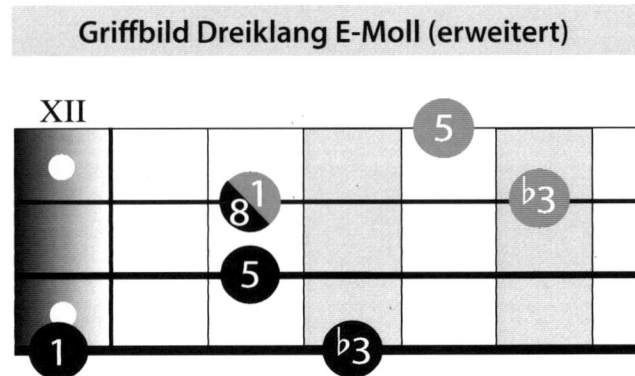

Griffbild Dreiklang E-Moll (erweitert)

Das erste Beispiel verwendet ausschließlich die Akkordtöne der beiden vorkommenden Dreiklänge E-Moll und A-Moll. Obwohl es selten vorkommt, dass ein Solo ausschließlich aus Akkordtönen besteht, ist es wichtig sich darüber bewusst zu sein, dass Akkordtöne die Grundlage fast jeder guten Basslinie und vieler Solos sind. Tonleitern sind eigentlich nur schmückendes Beiwerk. Es lohnt sich also immer, Solos mit Akkordtönen zu üben!

S7.1 Akkordtöne **E16**

Im Folgenden eine Übung der Tonleiter A-Moll. In der zweiten Notenzeile wird die Tonleiter in Dreier-Gruppen gespielt.

S7.2 Übung Tonleiter A-Moll, normal und Dreier-Gruppen **E15**

Griffbild Tonleiter E-Moll (erweitert)

Das nächste Beispiel steht in der **Tonart E-Moll**. Die Akkorde **E-Moll und A-Moll** sind die **Stufen I und IV**.

Ab der Oktave wiederhole ich das gleiche Griffbild. Die letzten beiden Töne der Erweiterung können wir auf einem viersaitigen Bass nicht in dieser Lage spielen. Ich habe sie trotzdem dargestellt, um das Griffbild zu vervollständigen.

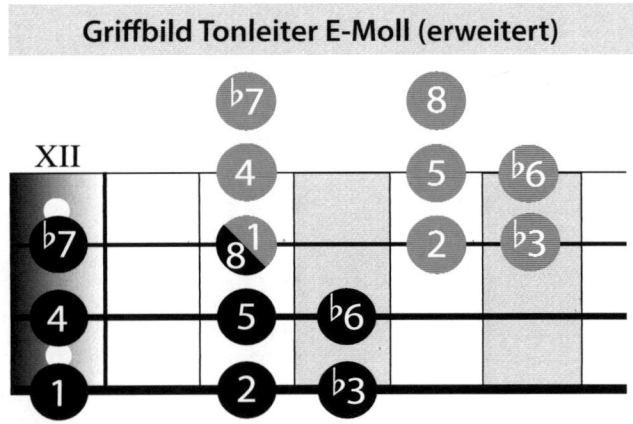

S7.3 Anwendung Tonleiter E-Moll (erweitert) E16

Griffbild Tonleiter D-Moll (erweitert)

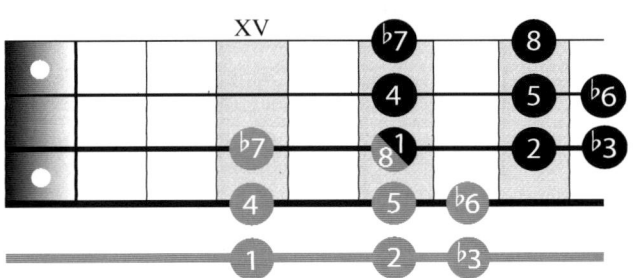

Um das Griffbild der Tonleiter **D-Moll** nach unten zu erweitern, stelle ich mir eine zusätzliche Saite wie auf einem fünfsaitigen Bass vor.

5. Saite (Fünfsaiter):

S7.4 Übung Tonleiter D-Moll (erweitert)

Das Griffbild der Moll-Tonleiter ‚Finger1' können wir auf die Grundtöne B♭ und F verschieben.

Griffbild Tonleiter B♭-Moll (erweitert)

Griffbild Tonleiter F-Moll

Das folgende Beispiel besteht aus den **Akkorden B♭-Moll und F-Moll**. Ich interpretiere sie als die **Stufen I und V** der **Tonart B♭-Moll**, verwende also die Tonleiter B♭-Moll.

Bei aller Begeisterung über die Möglichkeiten, welche die Tonleitern uns eröffnen, sollte man nicht vergessen, dass es auch andere interessante Solo-Konzepte gibt. In der ersten Notenzeile verwende ich nur einen Ton, aber in rhythmischen Variationen. Erst in der zweiten Zeile schöpfe ich den Umfang der Tonleiter aus.

S7.5 Rhythmische Variation eines Tones, Anwendung Tonleiter B♭-Moll (Akkordfolge)

Griffbild Tonleiter E♭-Moll (erweitert)

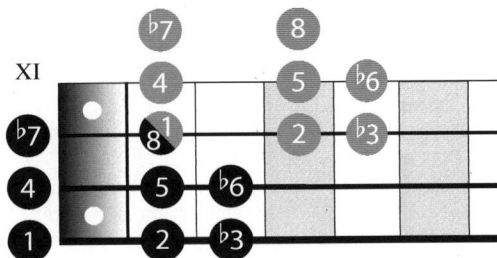

Griffbild Tonleiter E♭-Moll (höhere Tonlage)

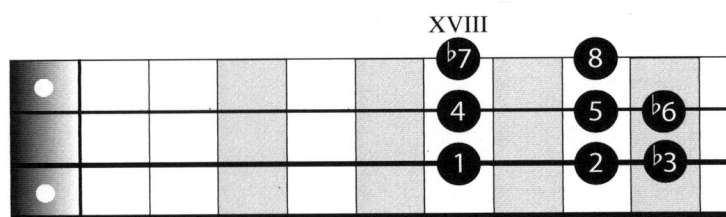

S7.6 Übung Tonleiter E♭-Moll (erweitert)

HIER SPIELT DIE MUSIK

☐ **S7.3 Play-Along** – Improvisiere mit der Tonleiter A-Moll. Welche Stufen stellen die Akkorde in der Tonart A-Moll dar?

☐ **S7.4 Play-Along** – Improvisiere mit der Tonleiter D-Moll (erweitert). Hierfür ist auch das Drone-MP3 „D-Moll" auf der DVD nützlich.

☐ **S7.5 Play-Along** – Improvisiere mit der Tonleiter F-Moll. Welche Stufen stellen die Akkorde in der Tonart F-Moll dar?

☐ **S7.6 Play-Along** – Improvisiere mit der Tonleiter E♭-Moll (erweitert). Hierfür ist auch das Drone-MP3 „E♭-Moll" auf der DVD nützlich.

AKKORDE 7
MOLL-DREIKLANG (GRUNDSTELLUNG | 2. UMKEHRUNG)

Um Moll-Akkorde von Dur-Akkorden zu unterscheiden, enthält das Akkordsymbol für einen Moll-Akkord ein kleines „m".

Moll-Dreiklang und Dur-Dreiklang unterscheiden sich nur in einem Ton: der *Terz*. Da Power-Akkorde nur aus *Grundton* und *Quinte* bestehen und keine Terz enthalten, funktionieren sie gleichermaßen bei Moll-Akkorden. Das Beispiel besteht aus den Dreiklängen E-Moll und A-Moll. Es enthält in der ersten Notenzeile Power-Akkorde und in der zweiten Zeile Power-Akkorde mit Oktave.

A7.1 Power-Akkord, Power-Akkord mit Oktave (Akkordfolge)

Da sich die Dreiklänge Moll und Dur nur in der *Terz* unterscheiden, können wir jeden Dur-Dreiklang in einen Moll-Dreiklang verwandeln, indem wir die Terz einen *Halbton tiefer* spielen, also „einen Bund weiter links". Für die Greifhand bieten sich die **Finger 4, 2, 1** an.

Griffbild Dreiklang A-Dur (Grundstellung)
die Terz soll um einen Halbton erniedrigt werden

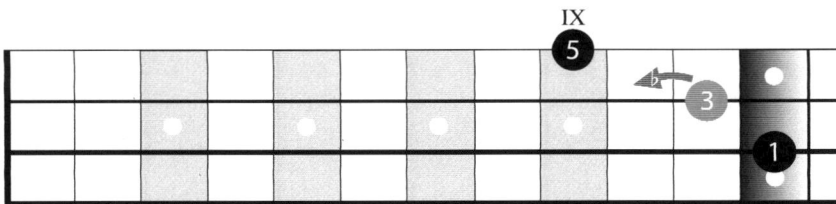

Griffbild Dreiklang A-Moll (Grundstellung)

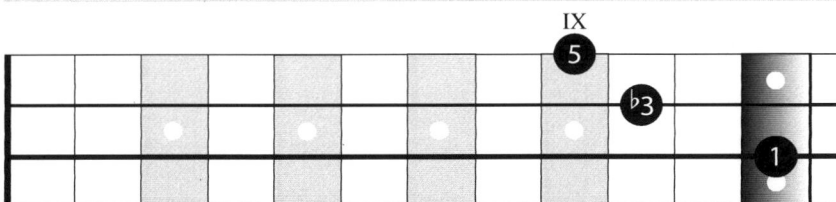

**Griffweise Dreiklang A-Moll
(Grundstellung Finger 4, 2,1)**

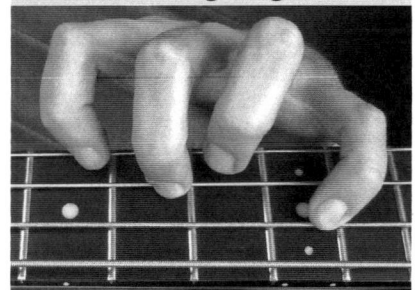

A7.2 Dreiklang A-Moll (Grundstellung) E15

Im nächsten Beispiel wird der gleiche Griff auch auf den Akkord E-Moll angewendet. Beachte dass der gleiche Griff für E-Moll in der zweiten Notenzeile in höherer Tonlage gespielt wird. Welche Tonlage gefällt dir besser? Welche Variante klingt in deinen Ohren besser, und welche ist für deine Hand bequemer zu greifen?

A7.3 Moll-Dreiklang Grundstellung (Akkordfolge) E16

Betrachten wir den Dur-Dreiklang in der 2. Umkehrung. Wenn wir die Terz einen *Halbton tiefer* spielen, erhalten wir den Moll-Dreiklang in der 2. Umkehrung.

Griffbild Dreiklang A-Dur (2. Umkehrung)
die Terz soll um einen Halbton erniedrigt werden

Griffbild Dreiklang A-Moll (2. Umkehrung)

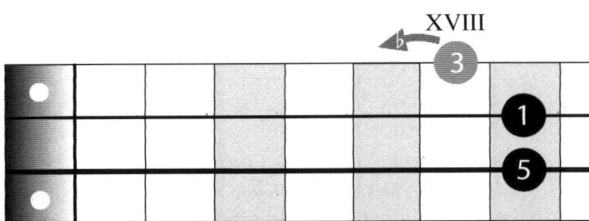

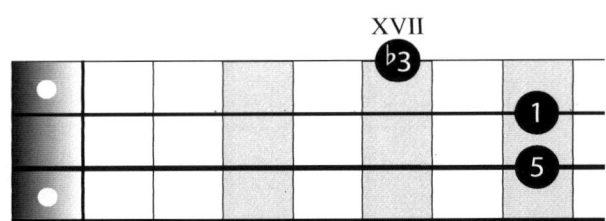

Griffweisen Dreiklang A-Moll 2. Umkehrung

Finger 2, 3, 1   Finger 3, 4, 1

A7.4 Dreiklang A-Moll (2. Umkehrung) E15

Rock Am

A7.5 Moll-Dreiklang 2. Umkehrung (Akkordfolge) E17

Bossa Nova B♭m   Fm

HIER SPIELT DIE MUSIK

☐ **A7.3 Play-Along** – Verwende Dreiklänge in der 2. Umkehrung.

☐ **A7.5 Play-Along** – Verwende Dreiklänge in der Grundstellung.

BASSLINIEN 8
MOLL-TONLEITER ‚BUND 2 UND 3 MIT LEERSAITEN' (B, F#, C, G),
MOLL-TONART (STUFEN I, V)

Griffbild Tonleiter B-Dur ‚Finger 2'

Um die Tonleiter **B-Moll** zu erhalten, gehen wir von B-Dur aus und *erniedrigen* den dritten, sechsten und siebten Ton.

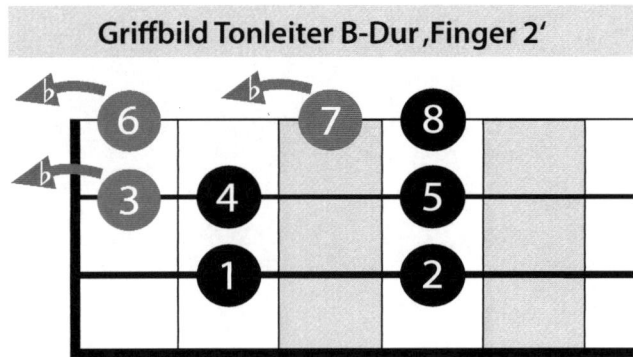

Griffbild Tonleiter B-Moll ‚Bund 2 mit Leersaiten'

Der dritte und der sechste Ton verschieben sich dadurch auf Leersaiten. Da hier sowohl **Finger 1** als auch **Finger 2** den Grundton in Bund 2 greifen können, nenne ich dieses Griffbild ‚Bund 2'.

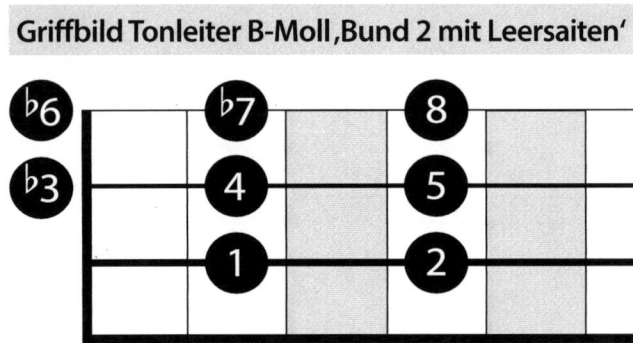

Griffbild Dreiklang B-Moll

Der Dreiklang besteht natürlich aus dem *ersten, dritten* und *fünften Ton* der Leiter.

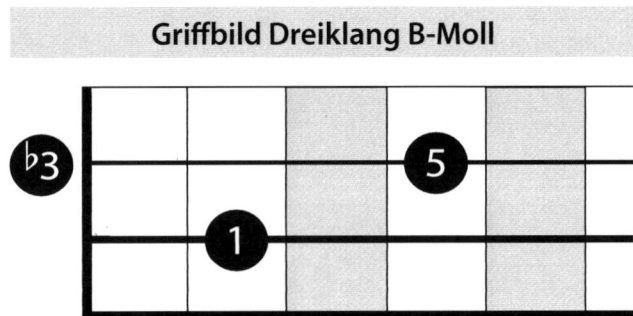

Das folgende Notenbild enthält beide Varianten für die Greifhand (GH): Beginnend mit **Finger 1** und alternativ mit **Finger 2**.

B8.1 Tonleiter B-Moll

GH:	1	3	0	1	3	0	1	3	3	1	0	3	1	0	3	1
altern.:	2	4	0	2	4	0	2	4	4	2	0	4	2	0	4	2

B8.2 zeigt eine Idee für einen Funk-Groove über den Akkord B-Moll. Die meisten Basslinien betonen die erste Zählzeit des Taktes. Darum kann es interessant sein, einmal genau das Gegenteil zu versuchen und die erste Zählzeit bewusst auszulassen. Das funktioniert besonders gut, wenn der Schlagzeuger mitmacht und mit dem Bass zusammen die Betonung verschiebt: In diesem Beispiel setzt der Bass auf dem zweiten Sechzehntel ein. Das Schlagzeug unterstützt dies mit der kleinen Trommel (englisch *snare drum*) ebenfalls auf dem zweiten Sechzehntel.

B8.2 Anwendung Tonleiter B-Moll   E18

Für **F♯-Moll** können wir den gleichen Fingersatz anwenden, nur um eine Saite nach unten verschoben.

Griffbild Tonleiter F♯-Moll, Bund 2 mit Leersaiten'

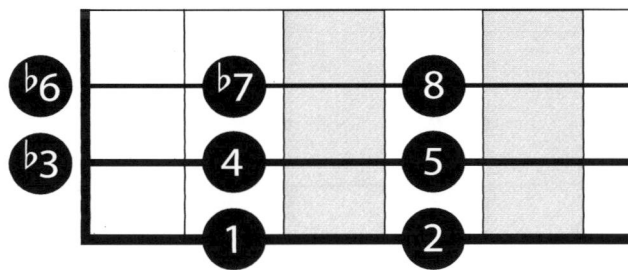

Griffbild Dreiklang F♯-Moll

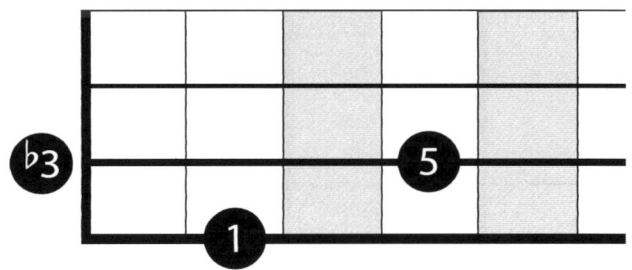

B8.3 Tonleiter F♯-Moll

Griffbild Tonleiter C-Dur ‚Bund 3 mit Leersaiten'

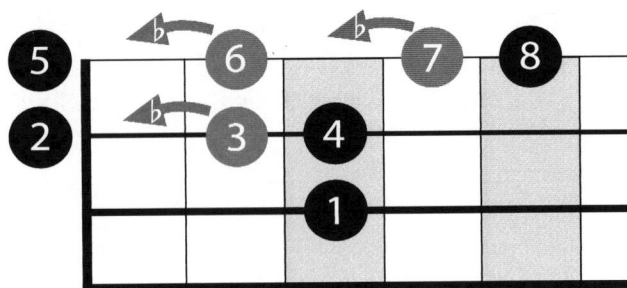

Um die Tonleiter **C-Moll** zu erhalten, gehen wir von C-Dur aus (mit Leersaiten, *siehe Kapitel 4*) und *erniedrigen* den dritten, sechsten und siebten Ton.

Griffbild Tonleiter C-Moll (mit Leersaiten)

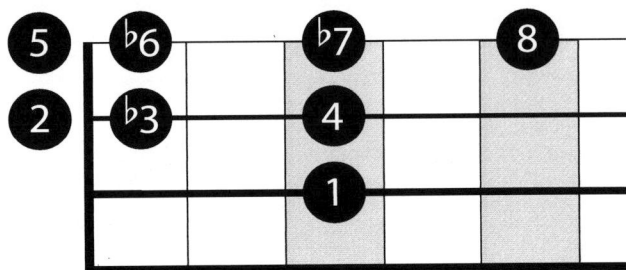

Griffbild Dreiklang C-Moll

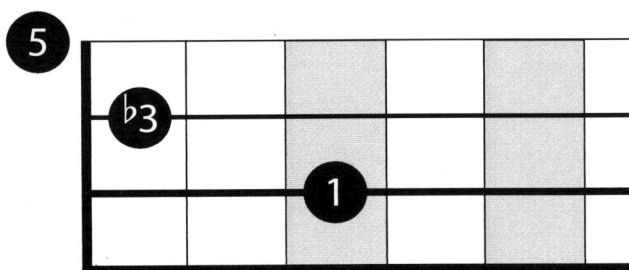

B8.4 Tonleiter C-Moll

Um zur Tonleiter **G-Moll** zu gelangen, verschieben wir das Griffbild von C-Moll um eine Saite *nach unten*. Die Oktave von G kann als Leersaite gespielt werden.

Griffbild Tonleiter G-Moll ‚Bund 3 m. Leersaiten'

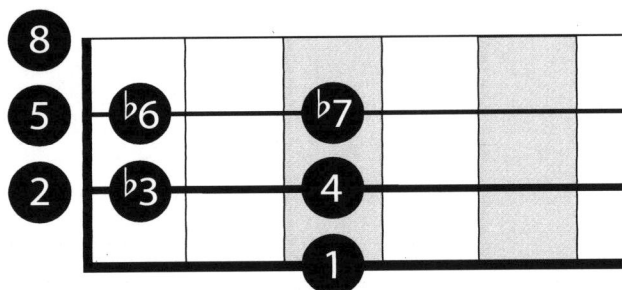

Griffbild Dreiklang G-Moll

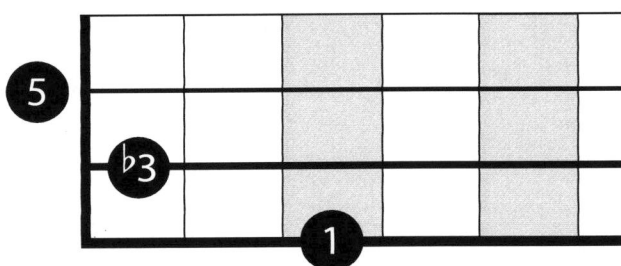

B8.5 Tonleiter G-Moll

Das folgende Beispiel enthält die **Akkorde C-Moll und G-Moll**. Ich interpretiere sie als die **Stufen I und V** der **Tonart C-Moll**. (Theoretisch könnte es sich auch um die Stufen I und IV der Tonart G-Moll handeln.) Das erste Griffbild zeigt die erweiterte Tonleiter C-Moll (beginnend auf der fünften Saite eines fünfsaitigen Basses), das zweite Griffbild die Lage des Dreiklangs G-Moll auf der Stufe V.

Griffbild Tonleiter C-Moll (erweitert)

Lage des Dreiklangs G-Moll (Stufe V)

5. Saite (Fünfsaiter):

Die folgende Basslinie verwendet zunächst nur Akkordtöne und benötigt eigentlich keine weiteren Zutaten. Ich möchte aber auch zeigen, dass hier die Tonleiter C-Moll der grundlegende Klang ist und benutze deshalb in der zweiten Notenzeile alle Tonleiter-Töne von C-Moll.

B8.6 Dreiklang, Tonleiter C-Moll (Akkordfolge)

An dieser Stelle möchte ich eine typische Ausnahme vorstellen: Moll-Tonarten besitzen natürlicherweise auf der Stufe V einen Moll-Akkord, wie wir im vorigen Beispiel gesehen haben. **In der Praxis jedoch wird auf der Stufe V häufig ein Dur-Dreiklang eingesetzt,** obwohl dieser eigentlich nicht in der Tonart enthalten ist.

In unserem Beispiel können wir also in der Tonart C-Moll auf der Stufe V anstelle des Dreiklangs G-Moll, den Dreiklang G-Dur verwenden. Der Dreiklang G-Dur enthält den Ton B, die Tonleiter C-Moll jedoch den Ton Bb. Die einfachste Lösung für dieses Problem ist, weiterhin die Tonleiter C-Moll als Grundlage zu nutzen, aber während der Stufe V (Akkord G-Dur) den Ton Bb durch ein B zu ersetzen.

Für Theorie-Liebhaber, die es ganz genau wissen wollen: Damit die Dominante (Stufe V) zur Tonika (Stufe I) strebt, benötigt sie die große Terz, welche nur einen Halbton entfernt ist vom Grundton der Tonika und somit als Leitton zur Tonika strebt. In unserem Beispiel leitet also das B (große Terz von G-Dur) zum Grundton von C-Moll. Eine Tonleiter C-Moll mit dem Ton B ist das gleiche wie die Tonleiter C-Moll harmonisch, also eine Moll-Tonleiter mit großer Septime.

Das folgende Beispiel ist fast identisch mit dem vorigen, nur dass auf Stufe V nun der Akkord G-Dur zum Einsatz kommt. Die Kreation einer Basslinie mit Dreiklängen in der ersten Notenzeile dürfte kein Problem darstellen. In der zweiten Zeile, welche alle Töne der Tonleiter C-Moll verwendet, ersetzen wir das Bb durch ein B, um nicht mit dem Akkord G-Dur in Konflikt zu geraten, welcher eben dieses B enthält.

B8.7 Dreiklang, Tonleiter C-Moll mit Stufe V als Dur-Dreiklang E20

Intervalle von der Prime bis zur Oktave
dargestellt am Griffbild der (reinen) Moll-Tonleiter ‚Finger 2'

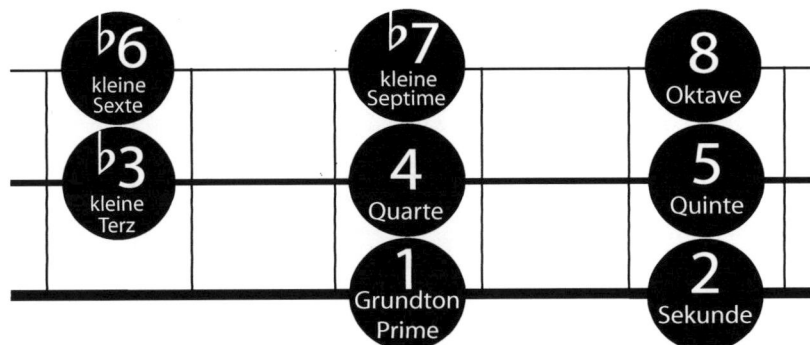

SOLOS 8
MOLL-TONLEITER IN VIERER-GRUPPEN

Wenn wir das Griffbild der Tonleiter **F♯-Moll** in die hohe Lage übertragen, erhalten wir den typischen Fingersatz für die Moll-Tonleiter und den Moll-Dreiklang, welcher mit ‚Finger 2' auf dem Grundton beginnt.

Tonleiter F♯-Moll ‚Finger 2'

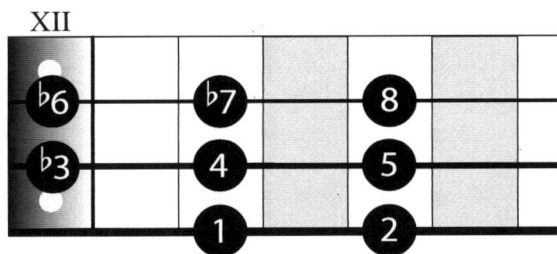

Dreiklang F♯-Moll ‚Finger 2'

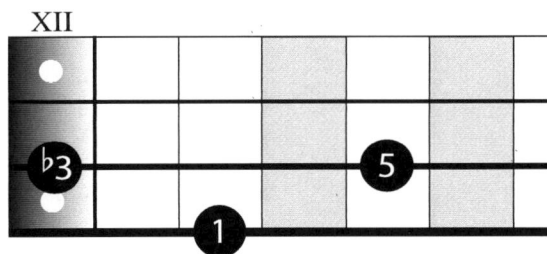

Die Tonleiter **B-Moll** sieht genauso aus, nur um eine Saite nach oben verschoben.

Tonleiter B-Moll ‚Finger 2'

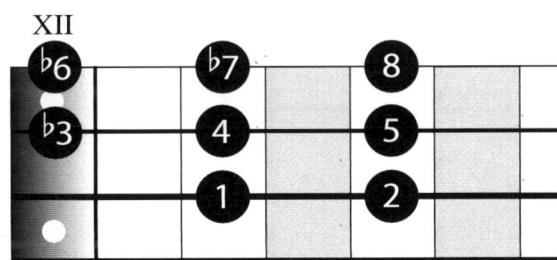

Dreiklang B-Moll ‚Finger 2'

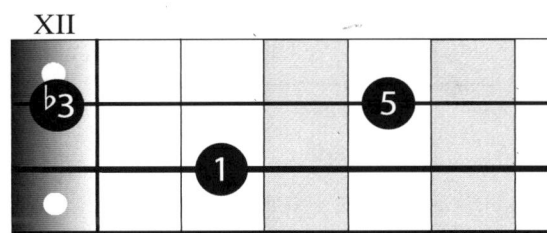

Finger 1 muss sich von der normalen Ein-Finger-pro-Bund-Position *abspreizen*, um den dritten und sechsten Ton der Leiter erreichen zu können.

S8.1 Übung Tonleiter B-Moll, normal und Vierer-Gruppen E18

Funk **Bm**

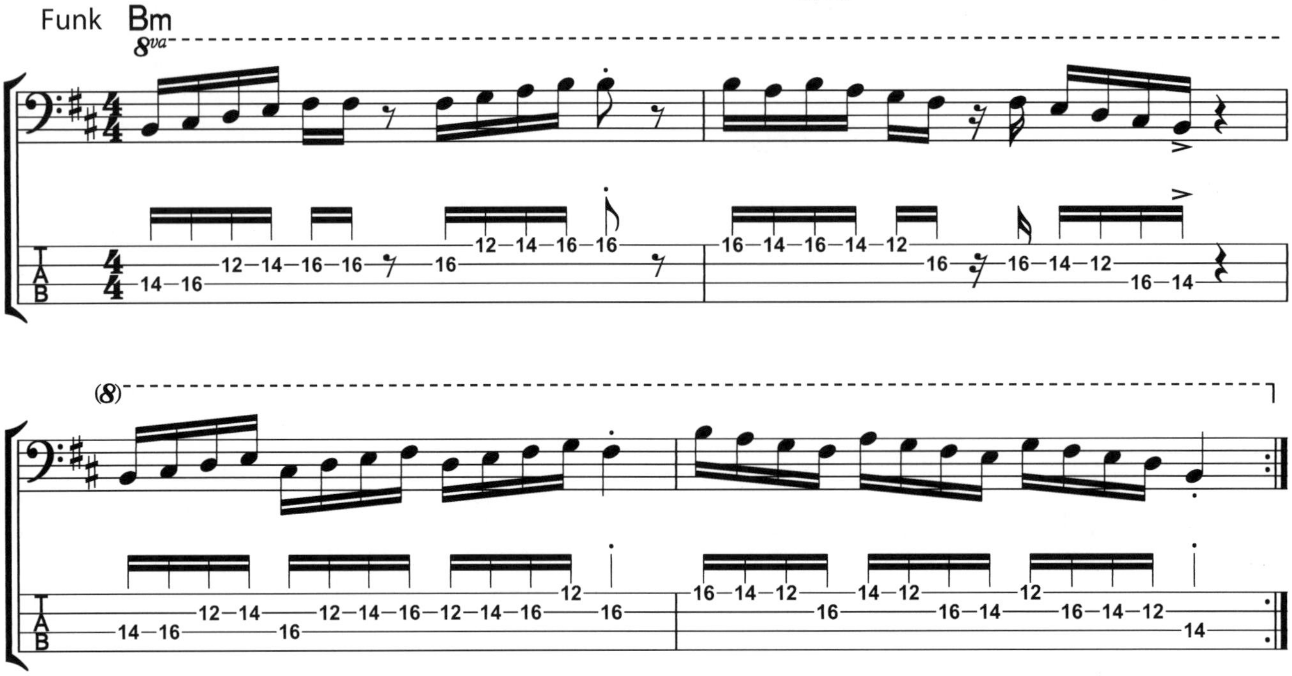

Tonleiter G-Moll ‚Finger 2'

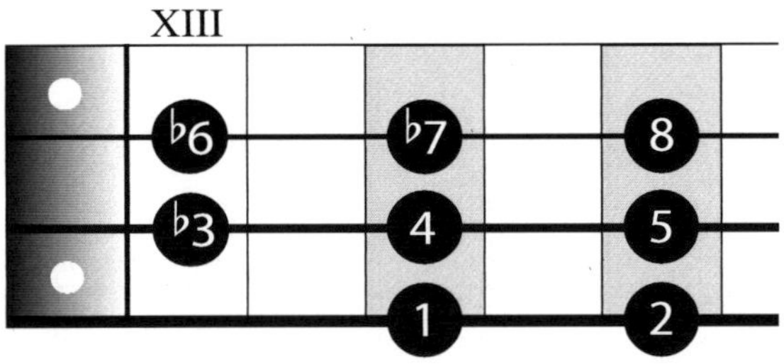

Tonleiter C-Moll ‚Finger 2'

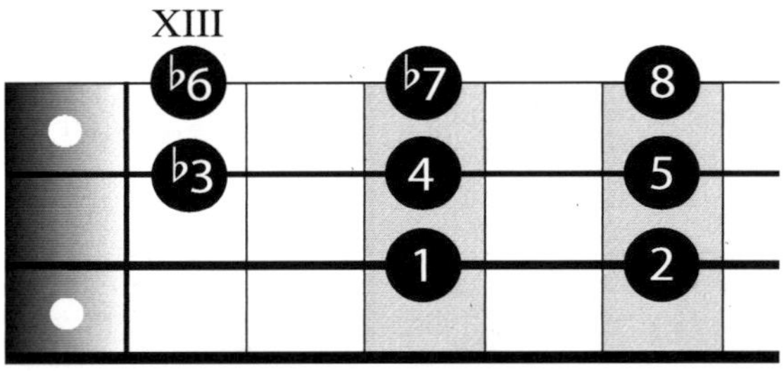

Das folgende Beispiel verwendet die **Tonleiter C-Moll**. Der **Akkord C-Moll** stellt die **Stufe I**, der **Akkord G-Moll** die **Stufe V** dar.

S8.2 Anwendung Tonleiter C-Moll E19

Salsa **Cm** **Gm** **Cm**

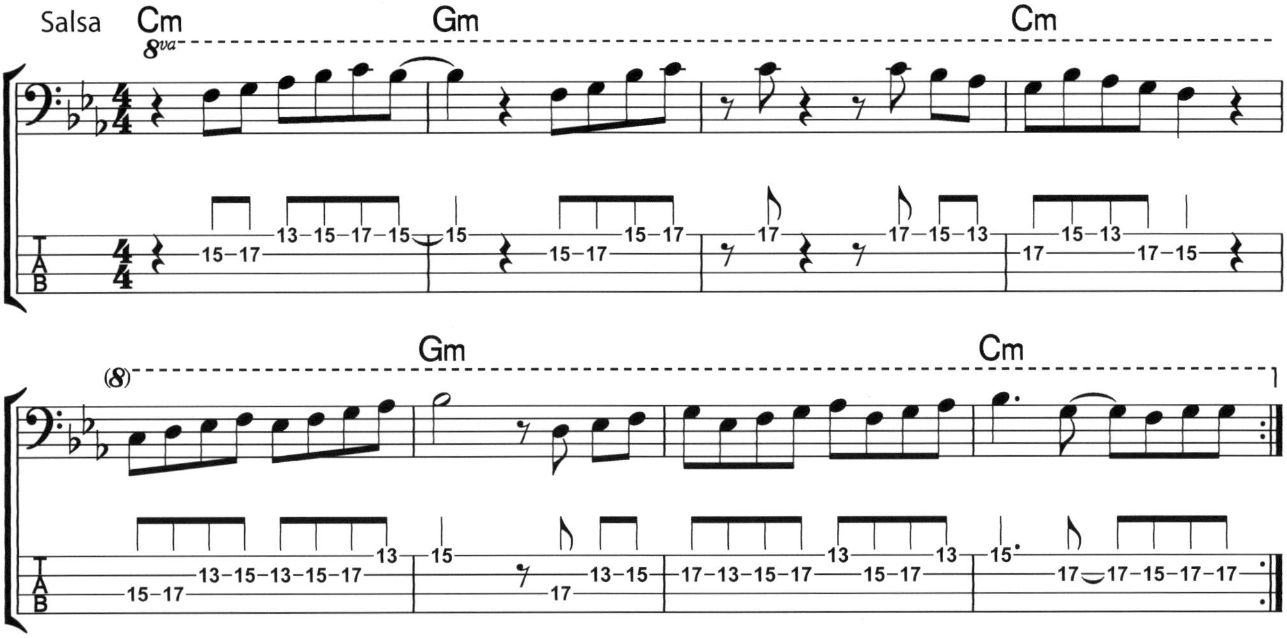

Die meisten Akkordfolgen in Moll-Tonarten nutzen auf **Stufe V** jedoch einen **Dur-Akkord**, in diesem Fall also anstelle des Akkordes G-Moll, den Akkord G-Dur. Der Grund ist, dass dies für die meisten Musiker „logischer" klingt. Höre und spiele das folgende Beispiel und vergleiche es mit dem vorigen Beispiel: Hören sie sich für dich unterschiedlich an? „Fühlen" sie sich verschieden an, beispielsweise durch die veränderte Greifhand? Und letztlich: Welche Variante würdest du bevorzugen, wenn du dich als Komponist zwischen beiden entscheiden müsstest?

Der Dreiklang G-Dur enthält den Ton B, welcher in der Tonleiter C-Moll nicht enthalten ist. Wenn wir also zum Akkord G-Dur gelangen, vermeide ich in der Tonleiter C-Moll den Ton B♭ und ersetze ihn durch ein B, um nicht mit dem Akkord in Konflikt zu geraten.

Das Griffbild zeigt die Tonleiter C-Moll mit dem Ton B. Es handelt sich dabei um die Tonleiter **C-Moll harmonisch**.

Tonleiter C-Moll harmonisch ‚Finger 2'

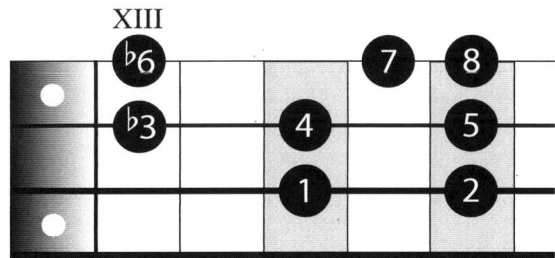

S8.3 Anwendung Tonleitern C-Moll rein und C-Moll harmonisch

HIER SPIELT DIE MUSIK

☐ **S8.2 Play-Along und S8.3 Play-Along** – Spiele die Übungen gleich, verwende dabei aber das Griffbild Moll-Tonleiter ‚Finger 1'.

☐ **S8.3 Play-Along** – Improvisiere durchgehend mit der Tonleiter C-Moll (rein), ohne auf den Akkord G-Dur mit dem Ton B Rücksicht zu nehmen. Wieweit hörst du einen Unterschied zur „korrekten" Version? Regeln sind dazu da, gebrochen zu werden!

AKKORDE 8
MOLL-DREIKLANG MIT OKTAVE,
MOLL-DREIKLANG MIT OKTAVIERTER TERZ

Wenn wir im **Dur-Dreiklang mit Oktave** die *Terz* um einen *Halbton nach unten* verschieben, erhalten wir einen **Moll-Dreiklang mit Oktave**.

Griffbild Dreiklang B-Dur mit Oktave

Griffbild Dreiklang B-Moll mit Oktave

Griffbild Tonleiter B-Moll ‚Finger 2'

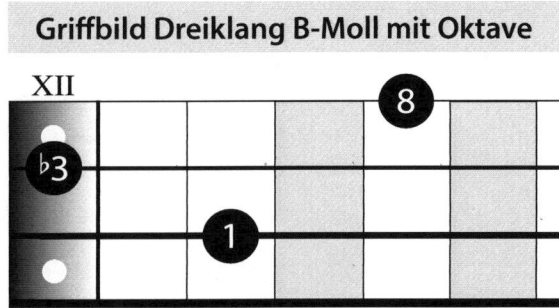

Zum gleichen Ergebnis gelangen wir, wenn wir aus dem Griffbild der Moll-Tonleiter ‚Finger 2' die Töne Nummer 1, ♭3 und 8 herausfiltern.

Griffweisen Dreiklang B-Moll mit Oktave

Finger 2, 1, 4   Finger 3, 1, 4

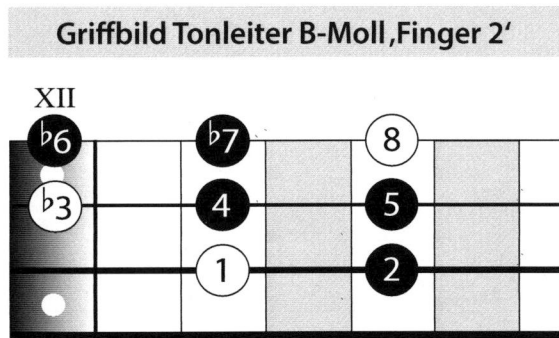

A8.1 Dreiklang B-Moll mit Oktave — E18

Griffbild Dreiklang G-Moll mit oktavierter Terz

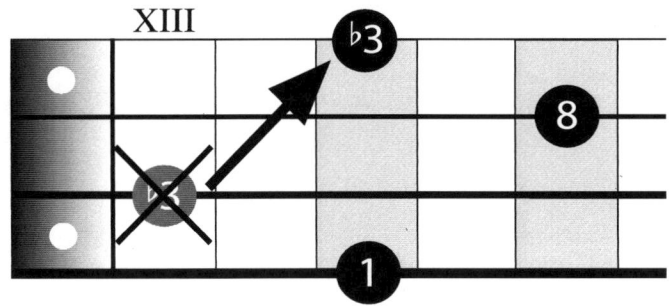

Wenn der Grundton auf der E-Saite liegt, ergibt sich die Möglichkeit, die Terz des Dreiklangs zu oktavieren.

Da uns der Dur-Dreiklang mit oktavierter Terz (*Kapitel 4*) schon bekannt ist, können wir bei diesem die *Terz* um einen *Halbton nach unten* verschieben und gelangen zu demselben Ergebnis:

Dur-Dreiklang mit oktavierter Terz

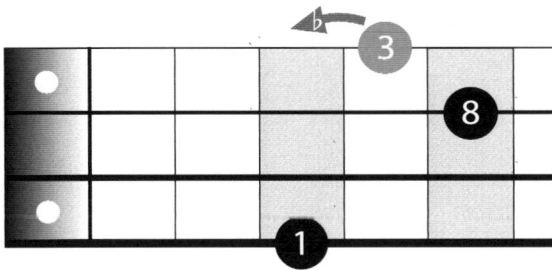

Moll-Dreiklang mit oktavierter Terz

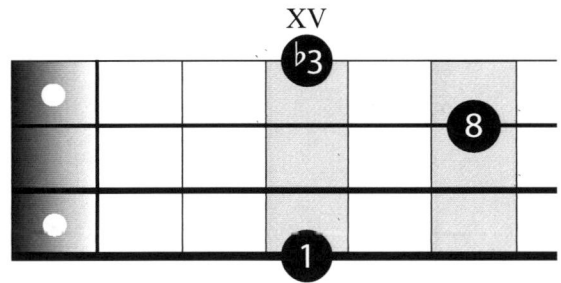

Das rechte Foto zeigt die Griffweise mit einem **Barré-Griff**, auch Quergriff genannt, bei welchem der Finger 1 mehrere Saiten gleichzeitig niederdrückt, in diesem Fall die E-Saite und G-Saite in Bund 15. Es können auch alle Saiten gleichzeitig gedrückt sein, falls dies bequemer ist.

Griffweisen Dreiklang G-Moll mit oktavierter Terz
Finger 1, 4, 2   Finger 1, 3, 1 (Barré und Finger 3)

Bei den folgenden Beispielen sollen die Töne „ineinander" klingen: Während eines Taktes klingen die angeschlagenen Töne einfach weiter und werden nicht abgedämpft.

A8.2 Moll-Dreiklang mit Oktave, Moll-Dreiklang mit oktavierter Terz   E19

A8.3 Dreiklang mit Oktave, Dreiklang mit oktavierter Terz   E20

HIER SPIELT DIE MUSIK

☐ **A7.3 Play-Along** – Verwende Dreiklänge mit Oktave und Dreiklänge mit oktavierter Terz.

☐ **A7.5 Play-Along** – Verwende Dreiklänge mit Oktave und Dreiklänge mit oktavierter Terz.

BASSLINIEN 9
MOLL-TONLEITER ‚FINGER 4' (G♯, C♯),
MOLL-TONART (STUFEN I, III, IV), PARALLELE TONLEITERN

Wenn wir den Ton G (E-Saite, Bund 3) um *einen Halbton erhöhen*, gelangen wir zum **Ton G♯** (Bund 4). Wenn wir den Ton A (E-Saite, Bund 5) um *einen Halbton erniedrigen*, gelangen wir zum **Ton A♭** (Bund 4). Bei G♯ und A♭ handelt es sich also um denselben Ton bzw. *denselben Bund*. Um die Anzahl von Vorzeichen in den Notenbeispielen zu verringern, lege ich für die Dur-Tonleiter den Grundton A♭ zugrunde, für die Moll-Tonleiter jedoch den Grundton G♯.

Um die Tonleiter G♯-Moll zu erhalten, gehen wir also von A♭-Dur aus und *erniedrigen* den dritten, sechsten und siebten Ton. Der siebte Ton G (Leersaite) wird erniedrigt zu F♯ (D-Saite, Bund 4).

Anmerkung: Das Griffbild Moll-Tonleiter ‚Finger 4' sieht genauso aus wie das Griffbild der Tonleiter G-Moll aus dem *Kapitel Basslinien 8*, nur dass wir diesmal mit **Finger 4** beginnen und keine Leersaiten verwenden können.

Der Dreiklang besteht wie immer aus dem ersten, dritten und fünften Ton der Leiter.

Griffbild Tonleiter A♭-Dur ‚Finger 4'

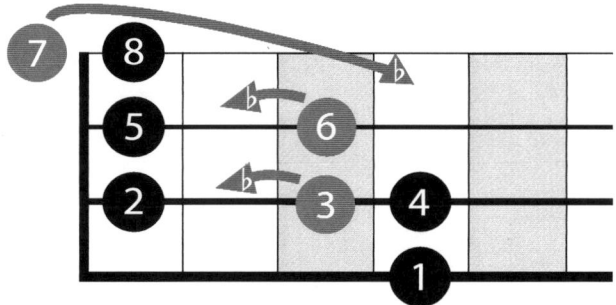

Griffbild Tonleiter G♯-Moll (A♭-Moll) ‚Finger 4'

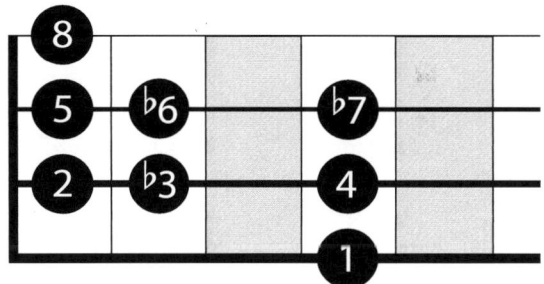

Griffbild Dreiklang G♯-Moll (A♭-Moll)

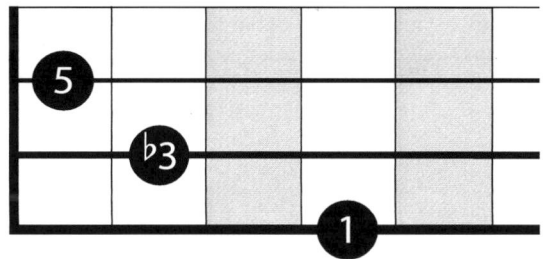

B9.1 Tonleiter G♯-Moll / A♭-Moll

B9.1 zeigt die Tonleitern G♯-Moll und A♭-Moll. Beide enthalten die gleichen Töne und werden exakt gleich gespielt. Wenn es ums Notenlesen geht, bevorzugen die meisten Musiker G♯-Moll, da diese Tonart nur fünf Kreuze enthält, während man es bei A♭-Moll mit sieben Be zu tun hat. Grundsätzlich ist aber beides möglich.

Um zur Tonleiter **C#-Moll** zu gelangen, verschieben wir das Griffbild von **G#-Moll** um eine Saite nach oben. Lediglich die Oktave können wir auf einem viersaitigen Bass nicht erreichen, weshalb wir sie auf der G-Saite in Bund 6 greifen müssen.

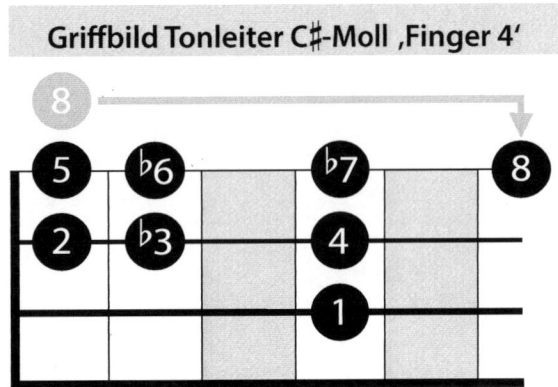

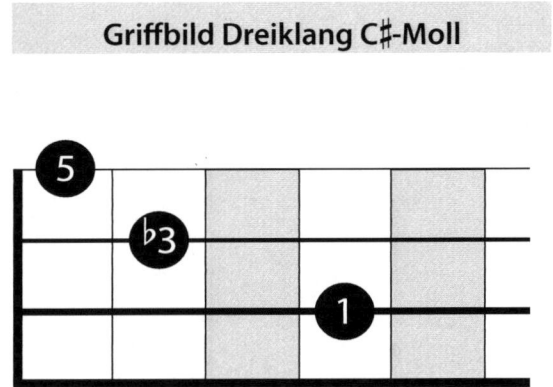

Griffbild Tonleiter C#-Moll ,Finger 4'

Griffbild Dreiklang C#-Moll

B9.2 Tonleiter C#-Moll

B9.3 enthält die Akkorde **G#-Moll, B-Dur und C#-Moll**. Alle drei sind in der **Tonleiter G#-Moll** enthalten und stellen die **Stufen I, III und IV** dar.

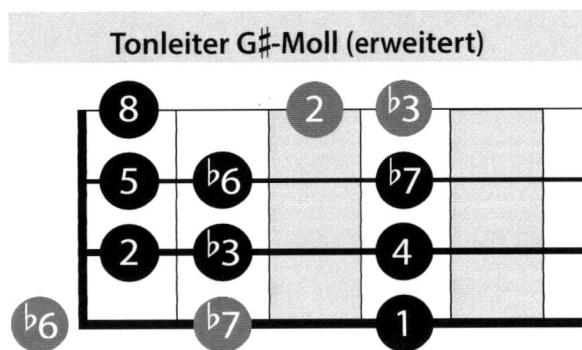

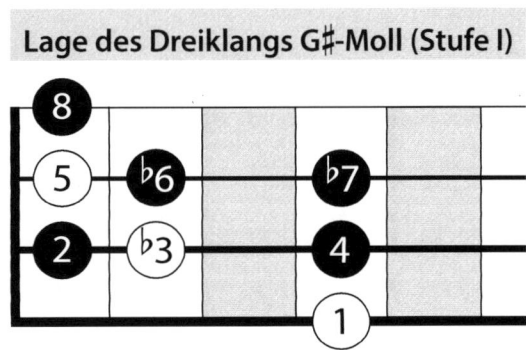

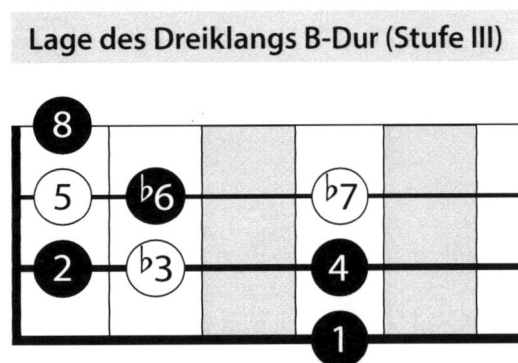

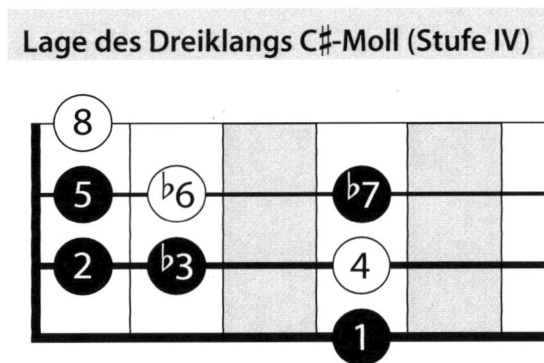

Tonleiter G#-Moll (erweitert)

Lage des Dreiklangs G#-Moll (Stufe I)

Lage des Dreiklangs B-Dur (Stufe III)

Lage des Dreiklangs C#-Moll (Stufe IV)

B9.3 Anwendung Tonleiter G#-Moll

B9.3 zeigt, wie die Basslinie mithilfe der Tonleiter die Grundtöne miteinander verbindet. Mit jeder neuen Notenzeile verwende ich mehr Töne, bis die Basslinie in der vierten Zeile schließlich durchgängig aus Achteln besteht. Es zeigt sich wieder: Je größer die Tonleiter-Ausschnitte, desto größer die Gefahr, dass das Ganze nach einer Übung und nicht nach Musik klingt.

Um die Basslinie nicht nach einer Tonleiter-Übung klingen zu lassen, hilft uns wieder ein altbekanntes Mittel: **Chromatische Töne**, also Töne von außerhalb der Tonleiter. Ich habe sie in der letzten Notenzeile integriert und mit „chr" gekennzeichnet. Höre genau hin und analysiere, wie du die Verwendung dieser chromatischen Töne wahrnimmst. Für meinen Geschmack klingen sie „cool" und erfrischend in dem Sinne, dass sie die Monotonie der Tonleiter auflockern.

HIER SPIELT DIE MUSIK

☐ **B9.3 Play-Along** – Spiele die folgenden Übungen zuerst ohne Play-Along. So kannst du in Ruhe ausprobieren, wie du die Tonleiter kreativ einsetzen kannst:
a) Verbinde die Grundtöne der Akkorde, indem du immer am Ende des Taktes zwei Töne aus der Tonleiter verwendest (*siehe erste Notenzeile von* **B9.3**).
b) Mache das Gleiche, verwende nun aber drei Tonleiter-Töne am Ende eines jeden Taktes (*siehe zweite Notenzeile*).
c) Spiele vier Tonleiter-Töne am Ende eines jeden Taktes (*siehe dritte Notenzeile*).
d) Spiele durchgehend Achtelnoten aus der Tonleiter (*siehe vierte Notenzeile*).
e) Versuche, zwischen den Tonleiter-Tönen einige chromatische Töne unterzubringen (*siehe letzte Notenzeile*).

☐ **D13.3 und D13.4** – Übe Moll-Dreiklänge!

☐ **D13.5 und D13.6** – Übe Dur- und Moll-Dreiklänge!

Wenn wir das Griffbild der Tonleiter **G♯-Moll** betrachten ...

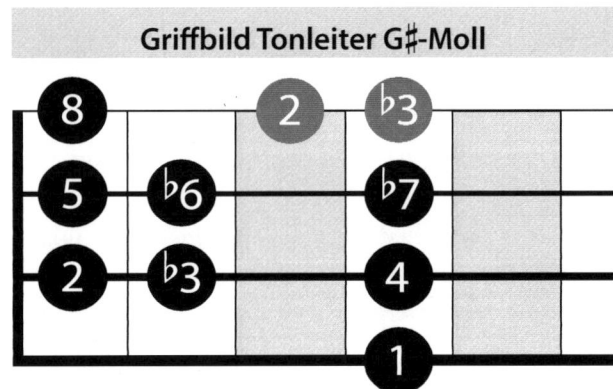

Griffbild Tonleiter G♯-Moll

... können wir ab dem dritten Ton das Griffbild einer Dur-Tonleiter erkennen. Es handelt sich um die Tonleiter **B-Dur**.

Die Tonleitern G♯-Moll und B-Dur bestehen also aus den *gleichen* Tönen. Deshalb sagt man, dass sie *parallele Tonleitern* sind: G♯-Moll ist die parallele Moll-Tonleiter von B-Dur, und umgekehrt ist B-Dur die parallele Dur-Tonleiter von G♯-Moll.

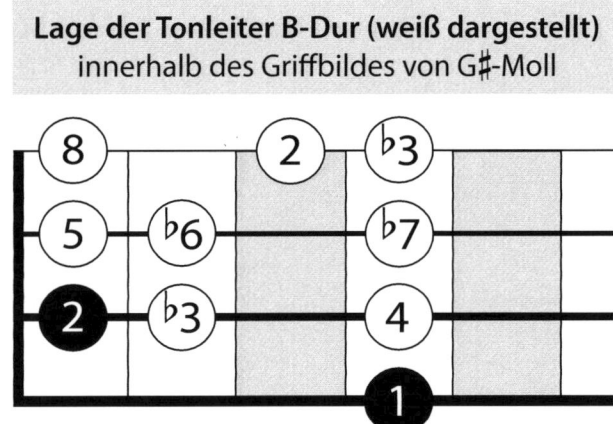

Lage der Tonleiter B-Dur (weiß dargestellt) innerhalb des Griffbildes von G♯-Moll

PARALLELE TONLEITERN

Zu jeder Dur-Tonleiter gibt es eine parallele Moll-Tonleiter und umgekehrt. **Wenn wir von einer Dur-Tonleiter ausgehen, finden wir im sechsten Ton (auf Stufe VI) die parallele Moll-Tonleiter.**

Machen wir die Probe in C-Dur:

Stufen:	I	II	III	IV	V	VI	VII						
Dur-Tonleiter:	C	D	E	F	G	A	B	C					
Parallele Moll-Tonleiter:						A	B	C	D	E	F	G	A

Umgekehrt lautet die Regel: **Wenn wir von einer Moll-Tonleiter ausgehen, finden wir im dritten Ton (auf Stufe III) die parallele Dur-Tonleiter.**

Wenn wir das mit A-Moll ausprobieren, gelangen wir zurück zur parallelen Tonleiter C-Dur.

Stufen:	I	II	III	IV	V	VI	VII				
Moll-Tonleiter:	A	B	C	D	E	F	G	A			
Parallele Dur-Tonleiter:			C	D	E	F	G	A	B	C	

Das funktioniert mit jeder Tonleiter. Präge dir deshalb gut ein:

In einer Dur-Tonleiter findet sich auf Stufe VI die parallele Moll-Tonleiter.

In einer Moll-Tonleiter findet sich auf Stufe III die parallele Dur-Tonleiter.

Intervalle von der Prime bis zur Oktave
dargestellt am Griffbild der (reinen) Moll-Tonleiter ‚Finger 4'

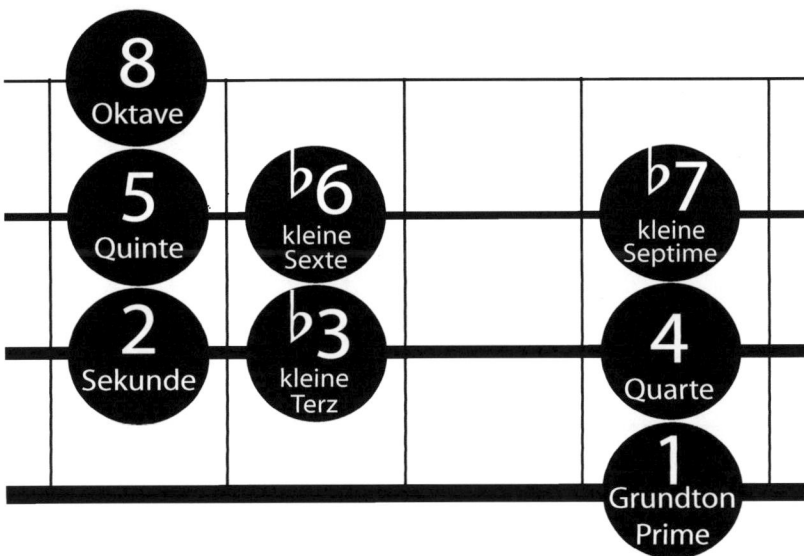

HIER SPIELT DIE MUSIK

☐ **B7.1 Play-Along / Drone „A-Moll"** – Übe alle drei Griffbilder der Tonleiter A-Moll ab dem Grundton A (E-Saite, Bund 5): Für das Griffbild ‚Finger 1', beginne mit Finger 1 auf dem Grundton, für das Griffbild ‚Finger 2' mit Finger 2 auf dem Grundton, und für das Griffbild ‚Finger 4' starte mit Finger 4 auf dem Grundton.
Wiederhole die Übung langsam und vollziehe bei jedem gegriffenen Ton nach, welches Intervall er im Verhältnis zum Grundton bildet.

Nachdem wir nun die drei wichtigsten Griffbilder für die Moll-Tonleiter kennengelernt haben, folgt auf der nächsten Seite eine Übersicht der drei Intervalle, welche von der Dur-Tonleiter abweichen.

Kleine Terz (♭3) = Abstand zwischen Grundton und drittem Ton der Moll-Tonleiter

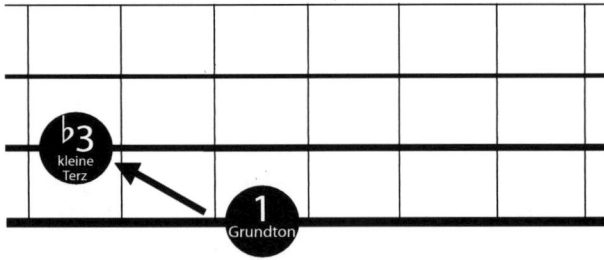

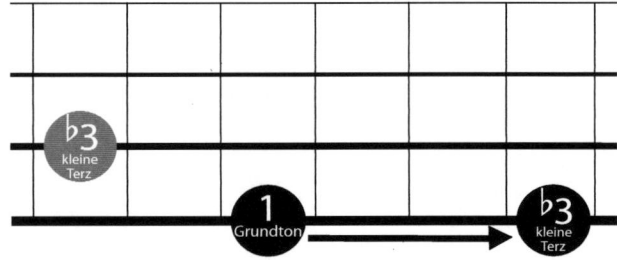

Kleine Sexte (♭6) = Abstand zwischen Grundton und sechstem Ton der Moll-Tonleiter

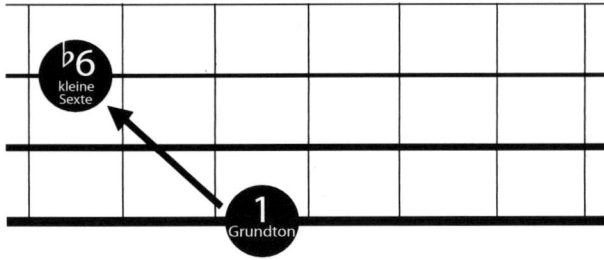

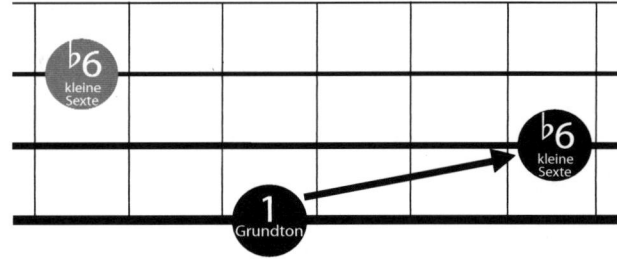

Kleine Septime (♭7) = Abstand zwischen Grundton und siebtem Ton der Moll-Tonleiter

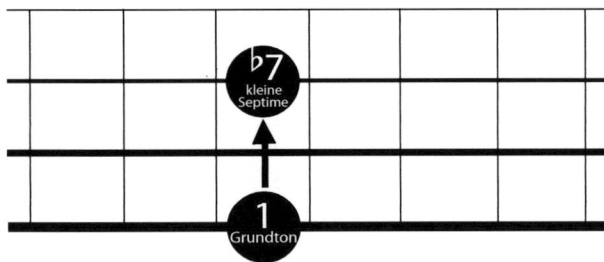

Es bleiben zwei Intervalle, die wir nicht direkt aus Dur- oder Moll-Tonleiter ableiten können: Wenn wir die (große) Sekunde um einen Halbton erniedrigen, gelangen wir zur *kleinen Sekunde* (♭2).

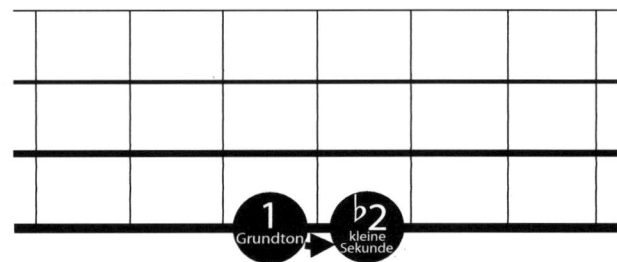

Kleine Sekunde (♭2)

Wenn wir die (reine) Quinte erniedrigen, erhalten wir die *verminderte Quinte* (♭5). Wenn wir die (reine) Quarte erhöhen, erreichen wir die *übermäßige Quarte* (♯4). Beide Intervalle führen uns zum gleichen Bund, sodass zwischen beiden nur ein theoretischer Unterschied besteht.

Verminderte Quinte (♭5)

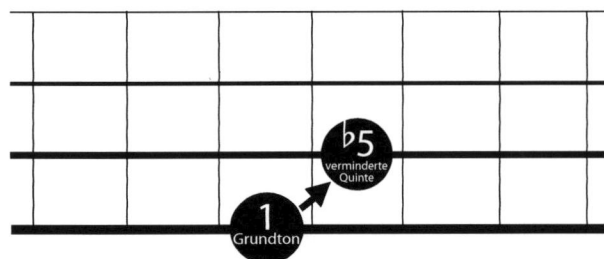

Übermäßige Quarte (♯4)

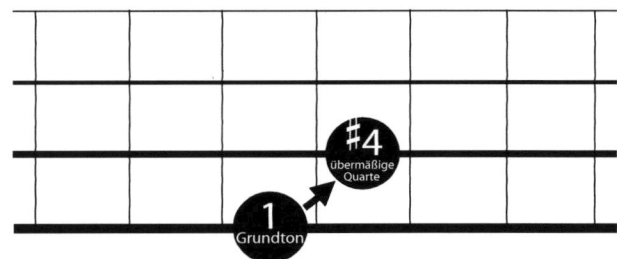

SOLOS 9
MOLL-TONLEITER IN TERZEN UND QUARTEN

Wenn wir die Fingersätze der Tonleitern G#-Moll und C#-Moll ,Finger 4' in eine höhere Oktave übertragen, gelangen wir zu folgenden Griffbildern:

Griffbild Tonleiter G#-Moll ,Finger 4'

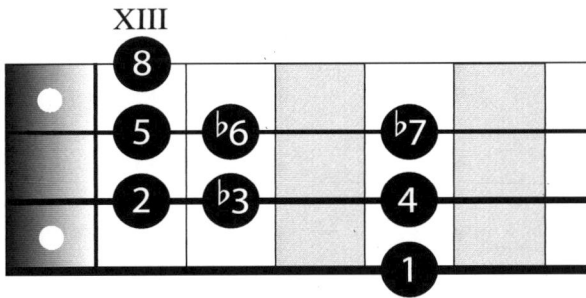

Griffbild Tonleiter C#-Moll ,Finger 4'

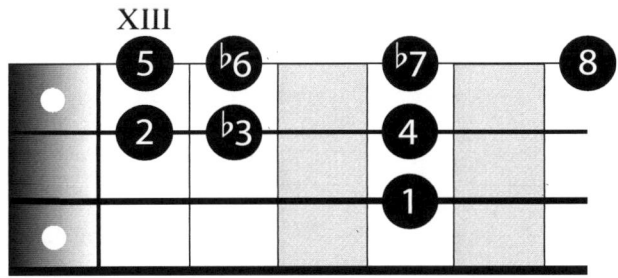

S9.1 enthält in der ersten Notenzeile die normale Tonleiter auf- und abwärts (nach oben um zwei Töne erweitert). In der zweiten Zeile wird sie in Terzen gespielt, in der letzten Zeile in Quarten.

S9.1 Übung Tonleiter G#-Moll, normal, in Terzen, in Quarten

Das folgende Beispiel zeigt ein Solo unter Verwendung der **Tonleiter G#-Moll**. Die **Akkorde G#-Moll, B-Dur und C#-Dur** stellen die **Stufen I, III, und IV** dar.

S9.2 Anwendung Tonleiter G#-Moll E21

Die parallele Dur-Tonleiter von G#-Moll ist B-Dur. Da beide Tonleitern aus denselben Tönen bestehen, funktioniert die eine so gut wie die andere. Warum sollte man sich also die Mühe machen, die parallele Tonleiter herauszufinden und anzuwenden? Nun, das Ganze ist eher ein „psychologischer" Trick: Wenn wir ein Solo in G#-Moll improvisieren, ist unser Ausgangspunkt oft bewusst oder unbewusst der Grundton G#. Wenn wir aber an die Tonleiter B-Dur denken, ist die Wahrscheinlichkeit groß, dass wir den Grundton B öfter als Ausgangspunkt wählen – sei es nun bewusst oder unbewusst. Solche Tricks machen sich viele improvisierende Musiker zunutze, um sich neu zu inspirieren.

Im vorigen Beispiel **S9.2** kann man sehen, dass die Melodie oft mit dem Ton G# beginnt oder aufhört. Analysiere nun **S9.3**: Hier beginnen und enden viele melodische Ideen mit dem Ton B. Das kann man je nach persönlichem Geschmack besser oder schlechter finden – probiere es selbst aus!

S9.3 Anwendung Tonleiter B-Dur E21

Nun möchte ich dich erneut dazu ermuntern, *chromatische Töne* in dein Spiel zu integrieren. Das sind jene Töne, welche nicht zur Tonleiter gehören. Sie bergen einerseits das Risiko, dass unser Gehör sie als „falsch" empfinden kann, oder in Musikersprache als „dissonant". Andererseits bieten sie die Chance, aus dem Korsett der Tonleiter auszubrechen und neue Farbtöne zu erschließen. Nicht umsonst bedeutet das altgriechische Wort *chroma* soviel wie Farbe. Ob ein chromatischer Ton „falsch" oder „cool" klingt (in Musikersprache „dissonant" oder „interessant"), hängt davon ab, wie wir diese Töne einbinden.

In den folgenden Beispielen benutze ich die Tonleiter **G♯-Moll** (Die Verwendung der parallelen Tonleiter B-Dur würde zum gleichen Ergebnis führen). Dabei konzentriere ich mich auf diese *drei* chromatischen Töne: **G, C, F**. Sie sind offensichtlich nicht in der Tonleiter enthalten. Im Notenbild habe ich sie mit „chr" gekennzeichnet. Zunächst möchte ich zeigen, dass diese chromatischen Töne sehr dissonant klingen können.

S9.4 Chromatische Töne, dissonante Anwendung

Die Kunst, chromatische Töne nicht auf dissonante, sondern auf interessante Weise einzubinden, üben vor allem Jazz-Musiker ein Leben lang. Mir geht es hier allerdings erstmal darum, überhaupt einen Zugang zur Chromatik zu ermöglichen. Für den einfachsten Ansatz halte ich es, einen chromatischen Ton zwischen zwei Tonleiter-Töne zu integrieren.

Das Griffbild zeigt, dass ich die chromatischen Töne zwischen den siebten Ton und den Grundton der Tonleiter, zwischen den dritten und vierten Ton, sowie zwischen den sechsten Ton und siebten Ton gelegt habe. Die chromatischen Töne stehen nun nicht mehr für sich alleine, sondern werden zu Verbindungsstücken zwischen Tonleiter-Tönen.

Griffbild chromatische Töne als Durchgangstöne in G♯-Moll

S9.5 Chromatische Töne, interessante Anwendung E21

Ballad G#m   B   C#m

(musical notation)

G#m   B   C#m

(musical notation)

HIER SPIELT DIE MUSIK

☐ **S7.2 Play-Along** – Improvisiere mit der Tonleiter A-Moll und verwende chromatische Töne.

☐ **S7.3 Play-Along** – Improvisiere mit der Tonleiter E-Moll und verwende chromatische Töne.

☐ **S8.1 Play-Along** – Improvisiere mit der Tonleiter B-Moll und verwende chromatische Töne.

☐ **S4.1 Play-Along** – Improvisiere mit der Tonleiter F-Dur und verwende chromatische Töne.

☐ **S4.2 Play-Along** – Improvisiere mit der Tonleiter C-Dur und verwende chromatische Töne.

☐ **D13.6** – Improvisiere mit der Tonleiter der zur jeweiligen Notenzeile gehörenden Tonart.

☐ **S9.6 Play-Along** – Improvisiere mit der Tonleiter G#-Moll.
   (Akkorde G#-Moll und C#-Moll = Stufen I und IV)

☐ **S9.6 Play-Along** – Improvisiere mit der Tonleiter C#-Moll.
   (Akkorde G#-Moll und C#-Moll = Stufen V und I)

☐ **S9.7 Play-Along** – Improvisiere mit der Tonleiter F#-Dur.
   (Akkorde G#-Moll und C#-Dur = Stufen II und V)

☐ **S9.8 Play-Along** – Improvisiere mit der Tonleiter C#-Moll.
   (Akkorde G#-Dur und C#-Moll = Stufen V und I. Beachte dass der Akkord G#-Dur den Ton B#
   [= Ton C] enthält, welcher nicht zur reinen Tonleiter C#-Moll gehört.)

Reggae
S9.6 G#m   C#m

(musical notation)

S9.7 G#m   C#

(musical notation)

S9.8 G#   C#m

(musical notation)

AKKORDE 9
MOLL-DREIKLANG MIT QUINTE UND OKTAVIERTER TERZ, VERSCHIEDENE KOMBINATIONEN

Wie schon zuvor beim Dur-Dreiklang, so können wir auch den **Moll-Dreiklang** mit *Grundton*, *Quinte* und *oktavierter Terz* spielen.

Griffbild Dreiklang G♯-Moll
mit Quinte und oktavierter Terz

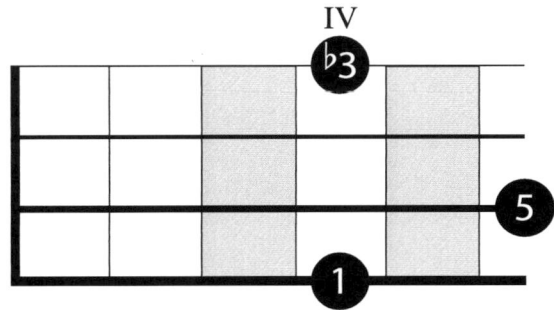

Wir Bassisten benutzen weniger Barré-Griffe als die Gitarristen, auch weil unsere Saiten dicker sind und mit mehr Kraft gedrückt werden müssen, aber dieser Akkord scheint mir oft einfacher mit dem Barré, bei welchem der Finger 1 sowohl den Grundton (E-Saite, Bund 4) als auch die oktavierte Terz (G-Saite, Bund 4) greift.

Griffweisen Dreiklang G♯-Moll mit Quinte und oktavierter Terz
Finger 1, 4, 2 — Barré und Finger 4

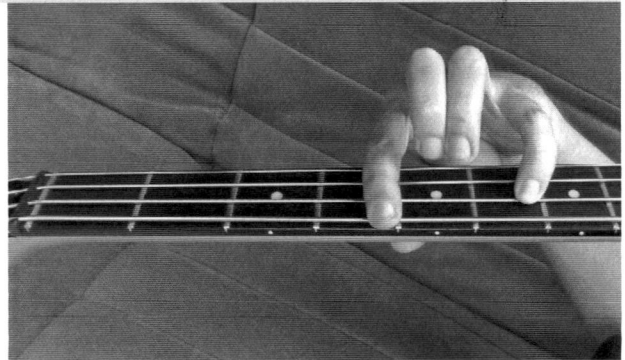

A9.1 Dreiklang mit Quinte und oktavierter Terz

Die nächsten beiden Beispiele wiederholen verschiedene Akkordgriffe aus den vorigen Kapiteln und kombinieren sie neu. Viel Spaß!

A9.2 Dreiklang in Grundstellung E21

In folgendem Beispiel sollen die angeschlagenen Töne jeweils bis zum Taktende klingen.

A9.3 Dreiklang 2. Umkehrung, Dreiklang mit Oktave E21

HIER SPIELT DIE MUSIK

☐ **A7.3 Play-Along** – Kombiniere Dreiklänge in 2. Umkehrung und Dreiklänge mit Oktave.

☐ **A7.5 Play-Along** – Kombiniere Dreiklänge in 2. Umkehrung und Dreiklänge mit Oktave.

☐ **A8.3 Play-Along** – Kombiniere Dreiklänge in 2. Umkehrung und Dreiklänge mit Oktave.

Die folgenden drei Übungen werden deine Fähigkeit ausbauen, Dur- und Moll-Akkorde schnell und in verschiedenen Griffweisen anzuwenden:

☐ **A9.4 Play-Along** – Adaptiere alle Übungen von **A6.5** bis **A6.15** an diese Akkordfolge: **G♯m, C♯m**.

☐ **A9.5 Play-Along** – Adaptiere alle Übungen von **A6.5** bis **A6.15** an diese Akkordfolge: **G♯m, C♯**.

☐ **A9.6 Play-Along** – Adaptiere alle Übungen von **A6.5** bis **A6.15** an diese Akkordfolge: **G♯, C♯m**.

☐ Begleite auf deine eigene Weise mit Akkorden die Drill-Übungen **D13.5** und **D13.6**.

BASSLINIEN 10
DUR-PENTATONIK, STUFENAKKORDE IN DUR-TONART, VERMINDERTER DREIKLANG

DIE DUR-PENTATONIK

Dur- und Moll-Tonleitern bestehen aus sieben Tönen, *pentatonische* Tonleitern hingegen nur aus *fünf Tönen* (von griechisch *penta* = fünf), wenn man die Oktave nicht mitzählt.

Von den sieben Tönen der Dur-Tonleiter kommt man ganz einfach zur **Dur-Pentatonik**:

Man muss nur den vierten und siebten Ton weglassen.

Griffbild Tonleiter C-Dur
ohne Quarte und Septime

Griffbild Pentatonik C-Dur

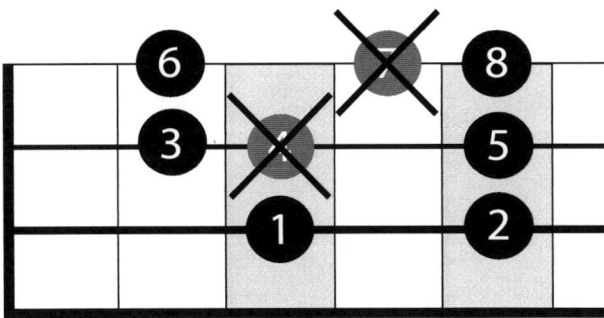

B10.1 Pentatonik C-Dur

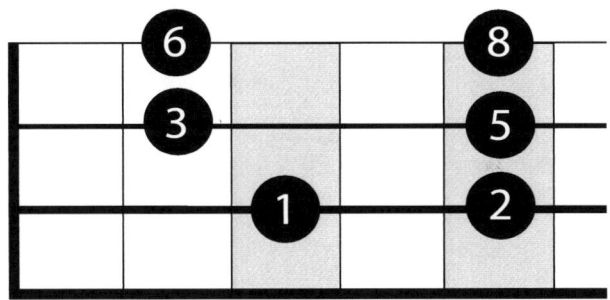

mit Leersaiten

Da die Pentatonik aus weniger Tönen besteht, lässt sie oftmals „mehr Platz" oder „mehr Licht" in unsere Basslinien hinein. Ebenso wenig enthält die Pentatonik Halbtonschritte, wie etwa in der Tonleiter C-Dur zwischen den Tönen E–F und B–C.

B10.2 Anwendung Pentatonik C-Dur

x = *Dead Notes*: *Töne mit perkussivem Charakter. Sie werden erzeugt, indem du den Finger nur locker auf die Saite legst und sie damit am Schwingen hinderst.*

Rock C

Griffbild Pentatonik C-Dur
nach unten erweitert

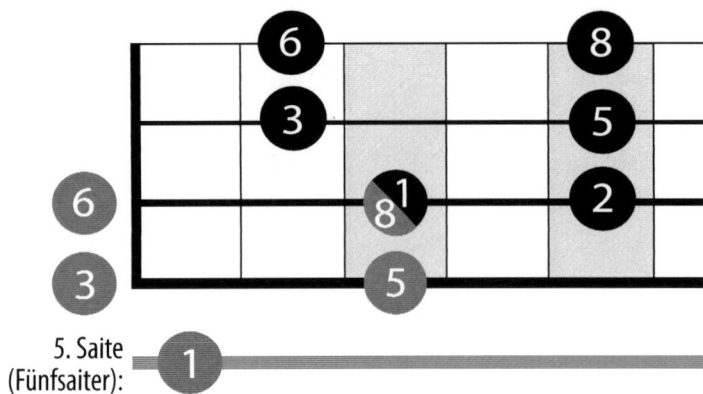

5. Saite
(Fünfsaiter):

Die *grauen* Töne zeigen die Erweiterung der Pentatonik nach unten. Es ergibt sich das gleiche Griffbild, wenn man sich den erweiterten Grundton vorstellt (auf fünfsaitigen Bässen kann man ihn direkt greifen) und Terz und Sexte als Leersaiten spielt.

B10.3 Anwendung Pentatonik C-Dur (nach unten erweitert)

Die Dur-Pentatonik hat den Vorteil, dass man sie auf die allermeisten Dur-Akkorde anwenden kann, ohne sich um die Tonart kümmern zu müssen. Das folgende Beispiel steht in der **Tonart G-Dur**. Die **Akkorde G-Dur, C-Dur und D-Dur** stellen die **Stufen I, IV und V** dar. Aber völlig unabhängig von der Tonleiter G-Dur, wende ich auf jeden der Akkorde einfach die Pentatonik an:

Auf den Akkord G-Dur die Pentatonik G-Dur, auf den Akkord C-Dur die Pentatonik C-Dur, und auf den Akkord D-Dur die Pentatonik D-Dur. Ein einfaches aber wirkungsvolles Konzept!

Die erste Tabulatur-Zeile verwendet das typische Griffbild der Dur-Pentatonik. Die zweite Tabulatur-Zeile bricht das Griffbild auf durch die Verwendung von Leersaiten.

B10.4 Anwendung Pentatonik des jeweiligen Akkordes

Trotz meines Musikstudiums und des relativ einfachen Konzeptes habe ich lange Zeit keinen richtigen Zugang zur Pentatonik gefunden. Nach und nach bemerkte ich, dass die normale „akademische" Griffweise mich nicht inspiriert. Besonders wenn ich an Fills und Solos denke, komme ich meist mit einer anderen Griffweise besser zurecht, welche ich gerne als die Griffweise „von der Straße" bezeichne, da sie mir Möglichkeiten gibt, sie mit mehr Feeling zu interpretieren. Auch andere Musiker wissen sie zu schätzen und nennen sie auf englisch beispielsweise *box shapes*, da die Pentatonik hierbei auf dem Griffbrett aus lauter Rechtecken zu bestehen scheint.

Griffbild Pentatonik C-Dur
(rechteckig)

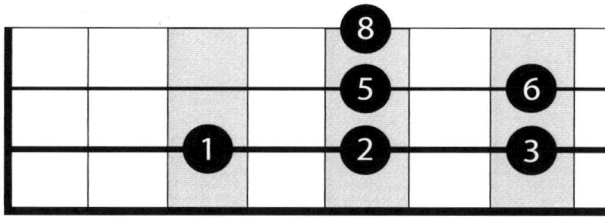

Griffbild Pentatonik C-Dur
(rechteckig nach oben und unten erweitert)

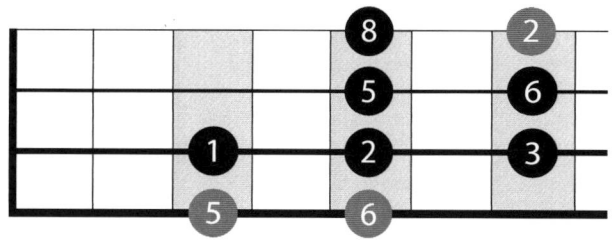

Die „Straßenversion" oder „Rechteckversion" der Pentatonik lässt sich alternativ auch in enger Lage greifen. Das bedeutet, dass man die **Finger 1** und **4** benutzt, obwohl sie nur einen Abstand von zwei Bünden voneinander haben. Diese Technik ist generell empfehlenswert für Bassisten, welche sehr kleine Hände haben und ähnelt stark der Kontrabass-Technik.

B10.5 Pentatonik C-Dur (rechteckig, nach oben und unten erweitert)

GH:	1	3	1	0	1	3	1→1	3	1	3	1	3	1	3	1	3	1
altern.:	1	4	1	0	1	4	1→1	4	1	4	1	4	1	4	1	4	1

B10.6 enthält einen Rock-Groove, der mit sogenannten Fills angereichert ist (von englisch *fill* = Füllung). Das sind Ausschmückungen, die streng genommen nicht nötig sind für eine gute Basslinie und die nerven können, wenn man sie zu oft einsetzt. Andererseits gibt es Bassisten wie **Flea** von den **Red Hot Chili Peppers** oder **Steve Harris** von **Iron Maiden**, welche dafür bekannt sind, besonders viele Fills zu spielen. Oft greifen sie dabei auf die Pentatonik zurück.

B10.6 Fills basierend auf der Pentatonik C-Dur (rechteckig, nach oben und unten erweitert)

x = **Dead Notes**: *Töne mit perkussivem Charakter. Sie werden erzeugt, indem du den Finger nur locker auf die Saite legst und sie damit am Schwingen hinderst.*

Hier noch weitere Ideen für Fills, welche auf demselben Konzept der Pentatonik basieren, diesmal allerdings um *chromatische* Töne erweitert werden.

B10.7 Fills basierend auf der Pentatonik C-Dur, chromatische Töne

ALLE STUFENAKKORDE DER DUR-TONART

Mit zunehmender Erfahrung wirst du immer schneller harmonische Zusammenhänge erkennen, also beispielsweise die Tonart einer Akkordfolge und die Stufen, welche die Akkorde in der Tonart darstellen. Dafür ist es hilfreich, alle sieben Stufen der Dur-Tonleiter zu **harmonisieren**. Das bedeutet, auf jeder Stufe der Tonleiter einen Akkord zu bilden, aber **ausschließlich mit Tönen, welche in dieser Tonleiter enthalten sind**. Um mit einer Tonleiter einen Akkord zu bilden, muss man vom Ausgangston immer einen Ton überspringen, um zum nächsten Akkordton zu gelangen.

Griffbild Tonleiter G-Dur (erweitert)

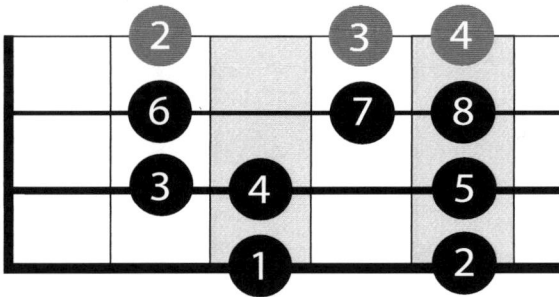

Als Beispiel dient uns die **Tonleiter G-Dur**, aber jede andere Dur-Tonleiter würde zum gleichen Ergebnis an harmonisierten Akkorden führen.

Auf jeder Stufe bilden wir einen Dreiklang mit den Tönen, die in der Tonleiter vorhanden sind.

Stufe I in G-Dur

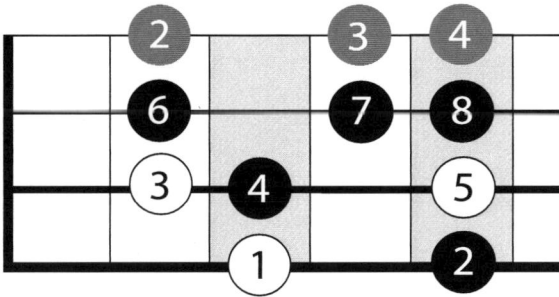

= Dreiklang G-Dur

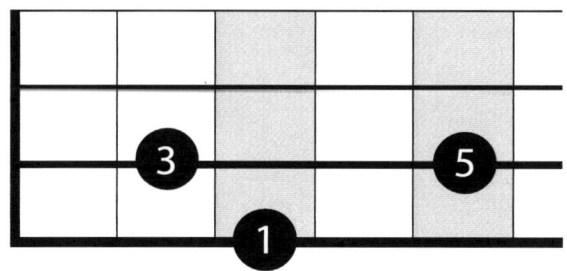

Weiße Töne = Dreiklangstöne

Stufe II in G-Dur

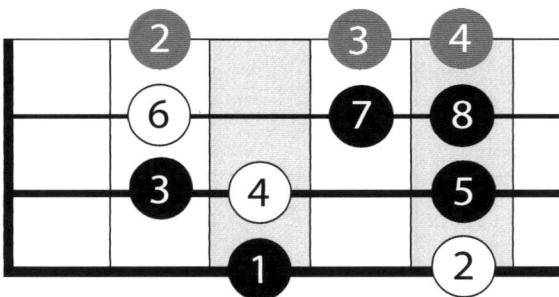

= Dreiklang A-Moll

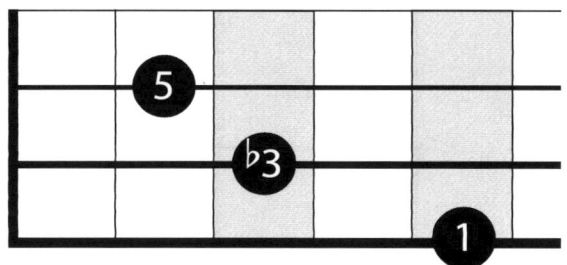

Weiße Töne = Dreiklangstöne

Stufe III in G-Dur

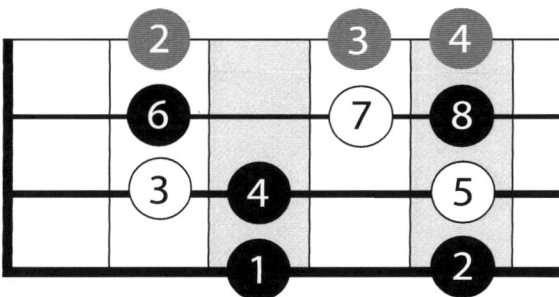

= Dreiklang B-Moll

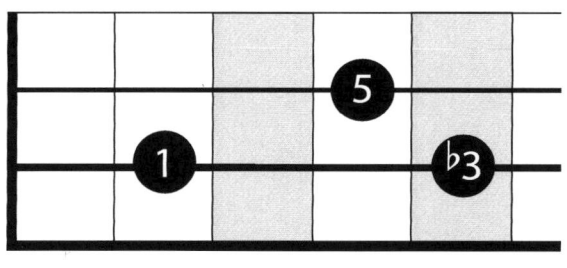

Weiße Töne = Dreiklangstöne

Stufe IV in G-Dur

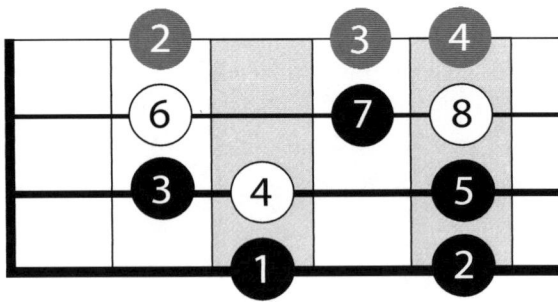

Weiße Töne = Dreiklangstöne

Dreiklang C-Dur

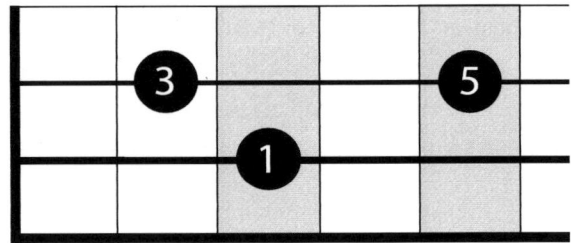

Stufe V in G-Dur

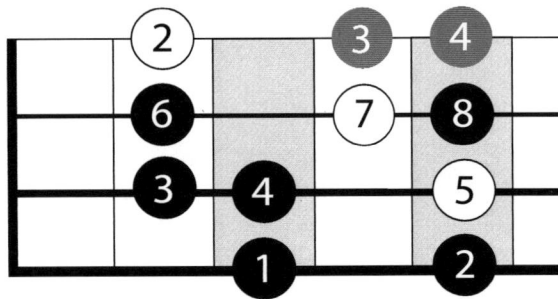

Weiße Töne = Dreiklangstöne

Dreiklang D-Dur

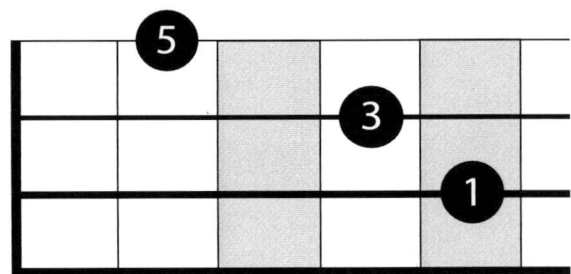

Stufe VI in G-Dur

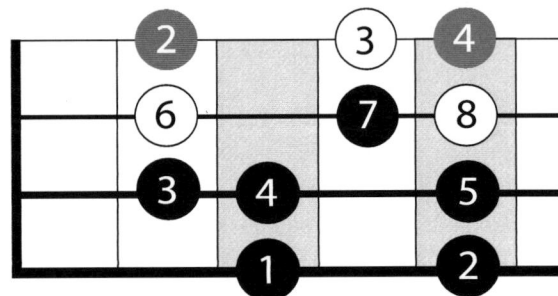

Weiße Töne = Dreiklangstöne

Dreiklang E-Moll

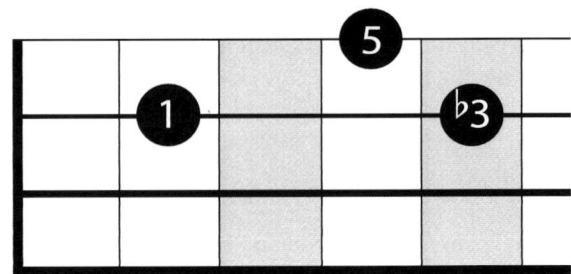

Stufe VII in G-Dur

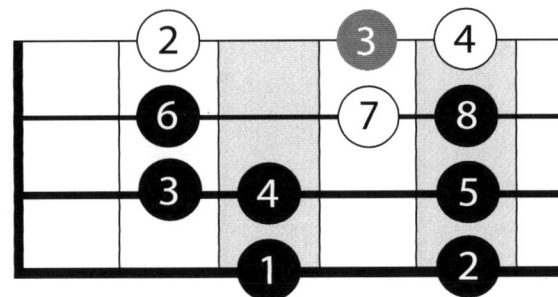

Weiße Töne = Dreiklangstöne

Dreiklang F♯ vermindert

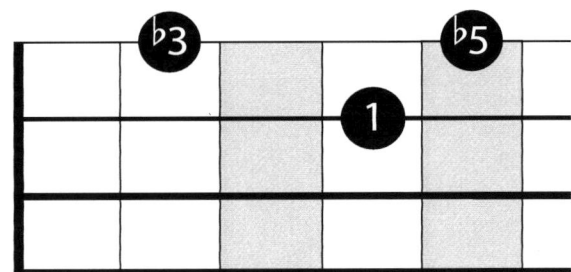

DER VERMINDERTE DREIKLANG

Auf jeder Stufe der Dur-Tonleiter ergibt sich also entweder ein Dur- oder ein Moll-Dreiklang. Lediglich auf **Stufe VII** finden wir einen anderen Dreiklang vor: Er enthält neben dem *Grundton* (1) eine *kleine Terz* (♭3) und eine *verminderte Quinte* (♭5). Einen solchen Dreiklang nennt man *vermindert*. **Ein verminderter Dreiklang ist ein Moll-Dreiklang, bei welchem die Quinte um einen Halbton vermindert ist.** In der Dur-Tonleiter kommt er ausschließlich auf **Stufe VII** vor.

Wenn du eine Basslinie mit Wechselbass spielst, musst du bei verminderten Akkorden aufpassen, nicht die normale reine Quinte zu spielen!

Wir können eine Regel ableiten, die für **alle Dur-Tonleitern** gilt:

Stufen der Dur-Tonleiter:	I	II	III	IV	V	VI	VII
Dreiklang:	Dur	moll	moll	Dur	Dur	moll	vermindert

B10.8 Dreiklänge auf allen Stufen in der Tonart G-Dur

Die Stufen der Dur-Tonleiter (Dur, moll, moll, Dur, Dur, moll, vermindert) kommen in genau dieser Reihenfolge in allen Dur-Tonarten vor. Sehen wir uns F-Dur an:

Stufen der Dur-Tonleiter:	I	II	III	IV	V	VI	VII
Akkorde in Tonart F-Dur:	F	Gm	Am	B♭	C	Dm	E⁰
	(Dur)	(moll)	(moll)	(Dur)	(Dur)	(moll)	vermindert

Verminderte Dreiklänge werden mit dem Symbol „**o**" oder mit den Buchstaben „**m(♭5)**" oder „**dim**" dargestellt (von englisch *diminished* = vermindert).

Das folgende Beispiel nutzt aus der **Tonart F-Dur** die **Stufen I, VII, VI und IV.** Die erste Notenzeile demonstriert eine Anwendung der Dreiklänge der jeweiligen Akkorde. Die zweite Zeile zeigt die Verwendung der Tonleiter F-Dur.

B10.9 Anwendung Dreiklänge und Tonleiter

HIER SPIELT DIE MUSIK

☐ **B3.2 Play-Along** – Erfinde eine Basslinie mit der Pentatonik F♯-Dur.

☐ **B3.2 Play-Along** – Füge der Basslinie Fills mit der Pentatonik F♯-Dur hinzu.

☐ **B5.4 Play-Along** – Erfinde eine Basslinie, welche auf der Pentatonik jedes einzelnen Akkordes basiert.

☐ **B5.5 Play-Along** – Erfinde eine Basslinie, welche auf der Pentatonik jedes einzelnen Akkordes basiert.

☐ **B10.9 Play-Along** – Spiele einen Wechselbass. Beachte dabei die verminderte Quinte im Akkord E vermindert!

☐ **D13.7** – Spiele Wechselbass. Beachte die verminderten Akkorde!

☐ **Vervollständige und spiele die Stufenakkorde der Tonart C-Dur:**

B10.10 Stufenakkorde der Tonart C-Dur

SOLOS 10
DUR-PENTATONIK

Die Griffbilder der **Dur-Pentatonik** lassen sich einfach in eine höhere Lage übertragen.

Griffbild Pentatonik C-Dur (akademisch)	Griffbild Pentatonik C-Dur (rechteckig, erweitert)

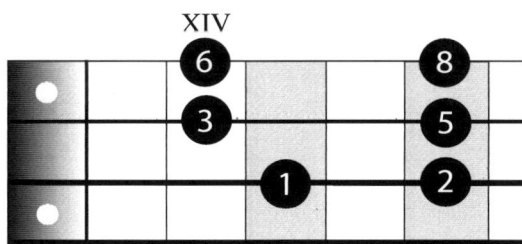
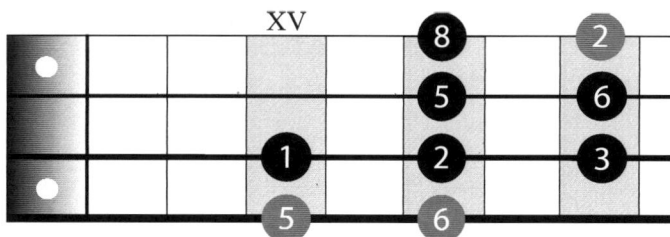

Wie schon bei den Basslinien, so lässt die Pentatonik im Vergleich zur Tonleiter auch in ein Solo „mehr Licht" hinein. Die erste Notenzeile von **S10.1** wird mit der *akademischen* Griffweise gespielt, die folgenden Zeilen mit der *rechteckigen* Griffweise.

S10.1 Anwendung Pentatonik C-Dur (akademisch und rechteckig) E22

Rock C

In **S10.2** habe ich auf jeden Akkord die jeweilige Pentatonik angewendet: Auf den Akkord G-Dur die Pentatonik G-Dur, auf den Akkord C-Dur die Pentatonik C-Dur, und auf den Akkord D-Dur die Pentatonik D-Dur.

S10.2 Anwendung Pentatonik des jeweiligen Akkordes

Das folgende Beispiel enthält alle sieben Stufenakkorde der Tonart G-Dur. Ich wiederhole mehrfach eine kleine Melodie aus der Tonleiter G-Dur, um zu zeigen, wie eine einzige Tonleiter über alle diese Stufenakkorde funktioniert.

S10.3 Tonleiter G-Dur, über alle Stufenakkorde der Tonart G-Dur

S10.4 enthält die **Stufen I, VII, VI und IV** der **Tonart F-Dur** und verwendet die **Tonleiter F-Dur** für das Solo.

S10.4 Anwendung Tonleiter F-Dur (oder parallele Tonleiter D-Moll) E25

HIER SPIELT DIE MUSIK

☐ **S4.1 Play-Along** – Improvisiere mit der Pentatonik F-Dur.

☐ **S4.2 Play-Along** – Improvisiere mit der Pentatonik C-Dur. Welche Stufen stellen die Akkorde dar?

☐ **S10.3 Play-Along** – Improvisiere mit der Pentatonik G-Dur.

☐ **S10.4 Play-Along** – Improvisiere mit der Pentatonik F-Dur.

☐ **S5.2 Play-Along** – Improvisiere mit der Pentatonik A-Dur

☐ **S5.2 Play-Along** – Improvisiere mit der Pentatonik des jeweils angegebenen Akkordes.

AKKORDE 10
STUFENAKKORDE IN DUR-TONART, VERMINDERTER DREIKLANG

Um zum *verminderten Dreiklang* zu gelangen, gehen wir vom Moll-Dreiklang aus und vermindern die Quinte.

Griffbild Dreiklang E-Moll
Grundstellung

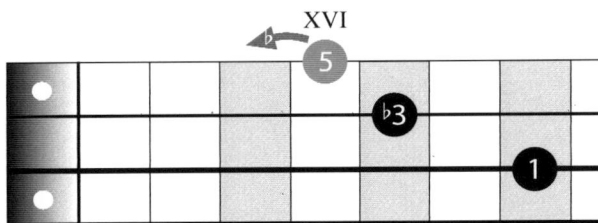

Griffbild Dreiklang E vermindert
Grundstellung

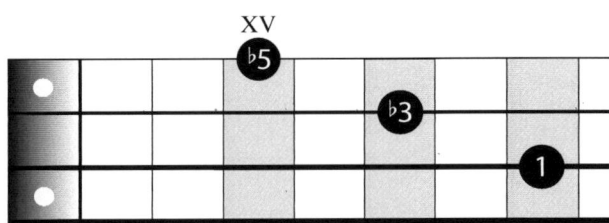

Um alle drei Töne des verminderten Dreiklangs gleichzeitig greifen zu können, muss man die Greifhand spreizen.

Das Gleiche machen wir mit dem **Moll-Dreiklang mit Quinte und oktavierter Terz**: Indem wir die Quinte vermindern, erhalten wir einen verminderten Akkord.

Griffweise Verminderter Dreiklang
Finger 4, 2, 1

Griffbild Dreiklang E-Moll
mit Quinte und oktavierter Terz

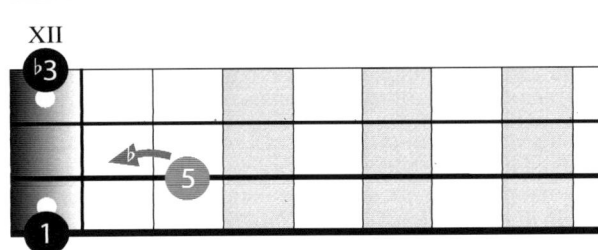

Griffbild Dreiklang E vermindert
mit verminderter Quinte und oktavierter Terz

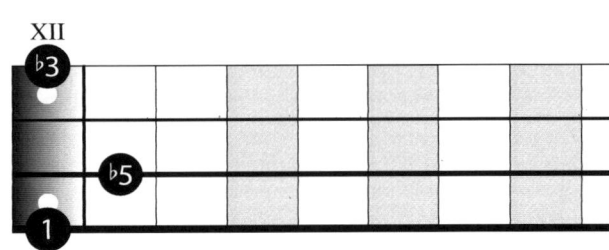

Griffweisen Dreiklang E vermindert
Finger 1, 3, 2   Barré und Finger 2

Die erste Notenzeile von **A10.1** enthält alle Dreiklänge in Grundstellung. Die zweite Zeile enthält die gleichen Dreiklänge, aber in den ersten drei Takten befinden sie sich in anderer Lage und verwenden oktavierte Terzen. Die letzte Zeile ist identisch, nur dass die Quinten durch Oktaven ersetzt werden. **Wenn man keine Quinten benutzt, können alle Griffbilder des Moll-Dreiklangs auch auf den verminderten Dreiklang angewendet werden.**

Manche Theorie-Experten sagen, die verminderte Quinte eines verminderten Akkordes müsse immer gespielt werden, da sie viel wichtiger sei als die normale reine Quinte. In Wirklichkeit gibt es dazu aber keine Pflicht, es ist lediglich eine von fast unendlich vielen Optionen. Finde für dich selber heraus, welche der drei Notenzeilen von **A10.1** dir am besten gefällt! Natürlich können alle Varianten nach Belieben kombiniert werden.

Alle angeschlagenen Töne sollen bis zum Taktende klingen.

A10.1 Dreiklang Grundstellung, Dreiklang mit oktavierter Terz (mit und ohne Quinte)

Die meisten Songs bestehen aus **Stufenakkorden**. Wenn du einen Song komponieren möchtest, können die sieben Stufenakkorde ein guter Ausgangspunkt sein. Da ihre Töne alle aus der gleichen Tonart stammen, harmonieren sie sehr gut miteinander. Ein Pop-Song enthält meist nur drei oder vier dieser Akkorde, aber in einem Jazz-Kontext können durchaus alle sieben Stufenakkorde vorkommen.

Die Akkordfolge des nächsten Beispiels verwendet alle Stufenakkorde der Tonart G-Dur. In diesem Fall habe ich die Griffweise ohne Quinte gewählt. Die Grundtöne sind eingeklammert: Spiele sie zunächst, aber versuche dann in der Wiederholung, sie wegzulassen. Grundtöne wegzulassen funktioniert besonders dann gut, wenn ein anderer Musiker sie bereits spielt (beispielsweise ein anderer Bassist oder der Pianist auf den tiefsten Tasten). In diesem Beispiel gehen wir mit dem Weglassen des Grundtons aber sowieso kein Risiko ein, da der Grundton in Form der Oktave nochmal im Akkord vorkommt.

A10.2 Stufenakkorde in der Tonart G-Dur

HIER SPIELT DIE MUSIK

☐ **A10.3 Play-Along** – Spiele alle Stufenakkorde der Tonart C-Dur. Verwende und kombiniere dabei die Griffweisen, die dir am sinnvollsten und bequemsten erscheinen.

BASSLINIEN 11
MOLL-PENTATONIK, BLUES-TONLEITER, STUFENAKKORDE IN MOLL-TONART

DIE MOLL-PENTATONIK

Von den sieben Tönen der Moll-Tonleiter kommt man ganz einfach zur **Moll-Pentatonik**: Man muss nur den zweiten und sechsten Ton weglassen.

Griffbild Tonleiter A-Moll
ohne Sekunde und Sexte

Griffbild Pentatonik A-Moll

B11.1 Pentatonik A-Moll

mit Leersaiten

B11.2 Anwendung Pentatonik A-Moll **E26**

Rock Am

DIE BLUES-TONLEITER

Die berühmte **Blues-Tonleiter** besteht aus der **Moll-Pentatonik**, welcher zwischen Quarte und Quinte ein *chromatischer Ton* hinzugefügt wird. Die Blues-Tonleiter enthält somit die *reine Quinte* und eine *verminderte Quinte* gleichzeitig.

Griffbild Blues-Tonleiter A

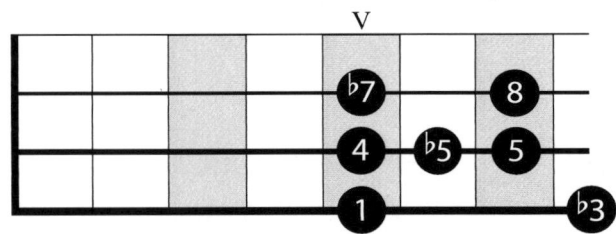

DIE BLUE NOTES

Diese *verminderte Quinte* ist der wichtigste Ton der sogenannten **blue notes**, also jener Töne, welche im Blues für eine gewisse dissonante und traurige Nuance sorgen.

Anstatt einer verminderten Quinte (♭5) hätte ich im Griffbild auch eine übermäßige Quarte (♯4) darstellen können. In der Praxis ist damit der gleiche Ton gemeint. In der Blues-Tonleiter A sind dies die Töne E♭ und D♯, welche uns zum gleichen Bund 6 auf der A-Saite führen.

B11.3 Blues-Tonleiter A E26

Auch bei der Moll-Pentatonik greife ich gerne auf die *rechteckige* Griffweise zurück. Sie erfordert für gewöhnlich mehr Lagenwechsel, ist aber unter Umständen leichter zu greifen.

Griffbild Pentatonik A-Moll
(rechteckig)

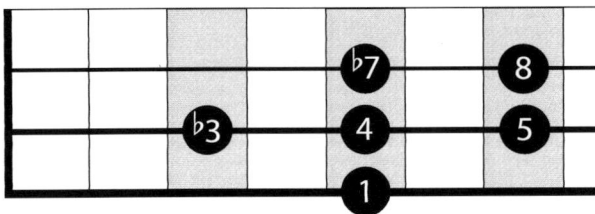

Griffbild Pentatonik A-Moll
(rechteckig, erweitert)

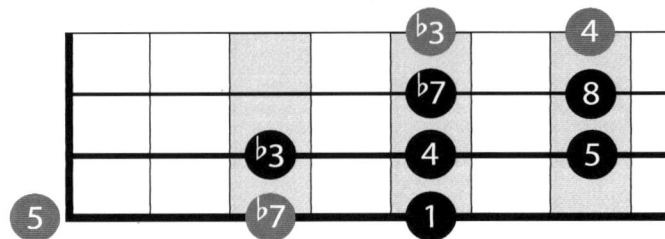

Das folgende Beispiel verwendet die Moll-Pentatonik. In der zweiten Notenzeile werden *chromatische* Töne eingefügt. Der letzte Takt enthält ein Fill, welches auf der Blues-Tonleiter basiert.

B11.4 Anwendung Pentatonik A-Moll (erweitert) E26

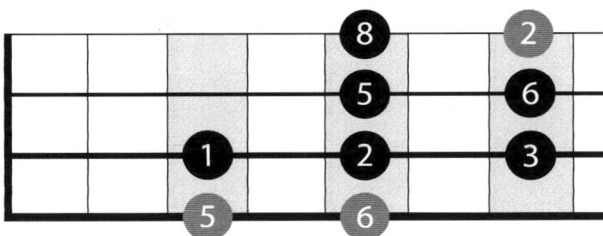

Die Moll-Pentatonik lässt sich auf fast alle Moll-Akkorde anwenden, unabhängig von der Tonart. **B11.5** enthält zwei verschiedene Moll-Akkorde, auf welche ich die jeweilige Pentatonik angewendet habe: Für den Akkord A-Moll die Pentatonik A-Moll, für den Akkord E-Moll die Pentatonik E-Moll.

B11.5 Anwendung Moll-Pentatonik des jeweiligen Akkordes E27

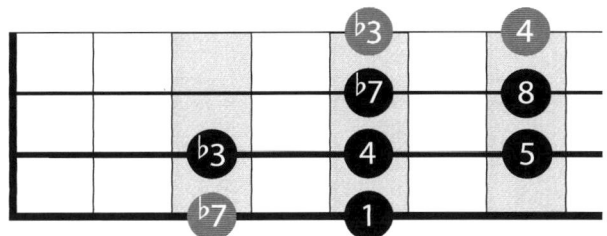

Vergleiche die Töne der Pentatonik C-Dur und der Pentatonik A-Moll miteinander. Sie sind gleich! Genauso wie die Dur-Tonleiter die gleichen Töne enthält wie die parallele Moll-Tonleiter, so enthält die Dur-Pentatonik die gleichen Töne wie die *parallele* Moll-Pentatonik. C-Dur und A-Moll sind also nicht nur parallel in Bezug auf ihre Tonleitern, sondern ebenso parallel bezüglich ihrer Pentatoniken. Wenn wir die erweiterten rechteckigen Griffbilder von Dur- und Moll-Pentatonik betrachten, sind selbst diese identisch!

Griffbild Pentatonik C-Dur
(rechteckig, erweitert)

Griffbild Pentatonik A-Moll
(rechteckig, erweitert)

ALLE STUFENAKKORDE DER MOLL-TONART

Genau wie die Dur-Tonleiter, so können wir auch die Moll-Tonleiter **harmonisieren**. Auf jeder Stufe der Moll-Tonleiter bilden wir einen Akkord **ausschließlich mit Tönen, die in der Tonleiter enthalten sind.** *Zur Erinnerung*: Um in einer Tonleiter einen Akkord zu bilden, muss man vom Ausgangston immer einen Ton überspringen, um zum nächsten Akkordton zu gelangen.

Griffbild Tonleiter E-Moll (erweitert)

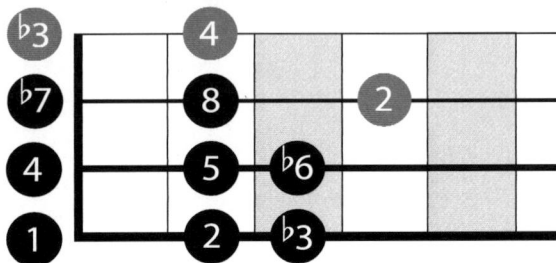

Als Beispiel dient uns die Tonleiter **E-Moll**, aber jede andere (reine) Moll-Tonleiter würde zum gleichen Ergebnis bezüglich der Stufenakkorde führen.

Auf jeder Stufe bilden wir einen Dreiklang mit den Tönen, die in der Tonleiter vorhanden sind.

Stufe I in E-Moll

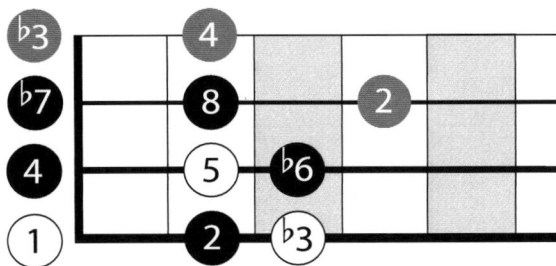

Weiße Töne = Dreiklangstöne

Dreiklang E-Moll

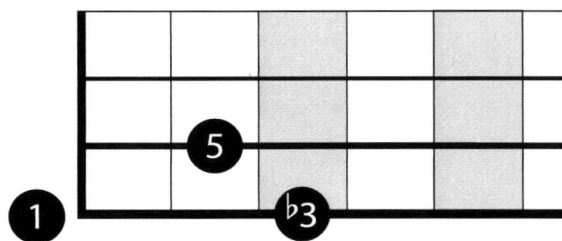

Stufe II in E-Moll

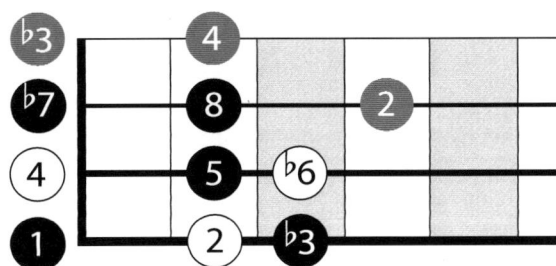

Weiße Töne = Dreiklangstöne

Dreiklang F# vermindert

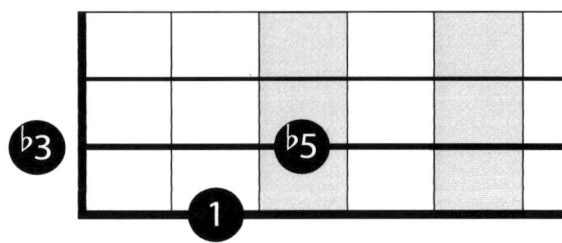

Stufe III in E-Moll

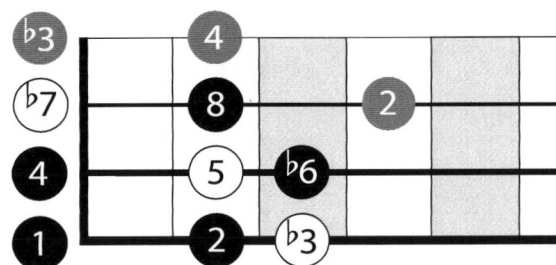

Weiße Töne = Dreiklangstöne

Dreiklang G-Dur

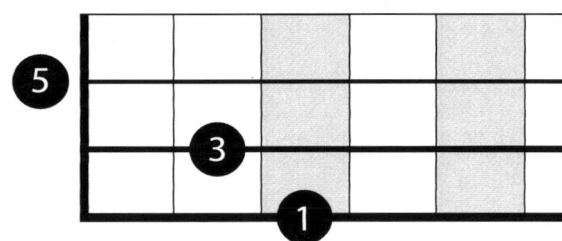

Stufe IV in E-Moll

Weiße Töne = Dreiklangstöne

Dreiklang A-Moll

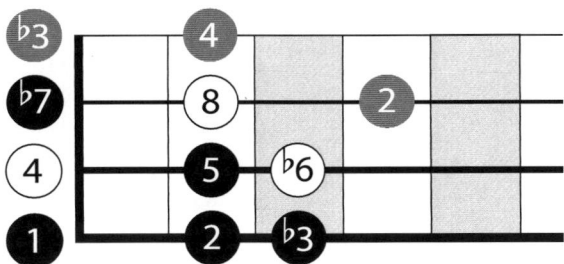

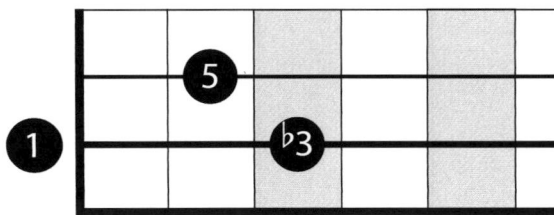

Stufe V in E-Moll

Weiße Töne = Dreiklangstöne

Dreiklang B-Moll

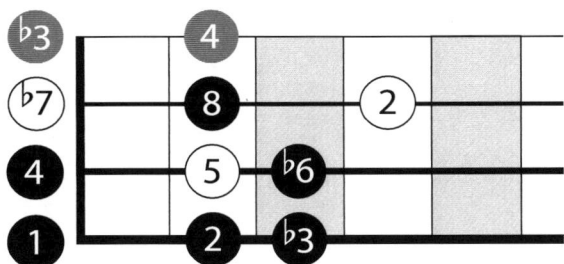

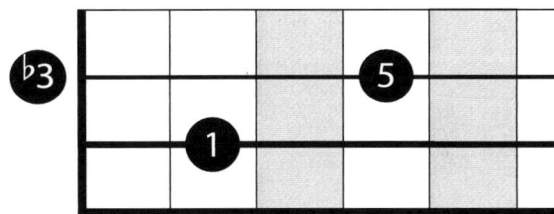

Stufe VI in E-Moll

Weiße Töne = Dreiklangstöne

Dreiklang C-Dur

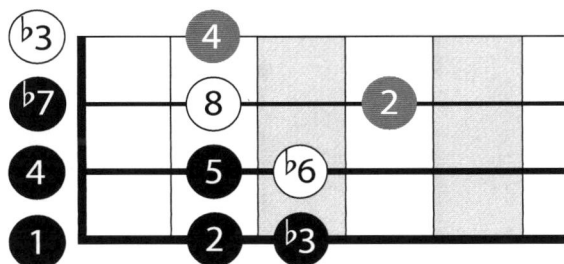

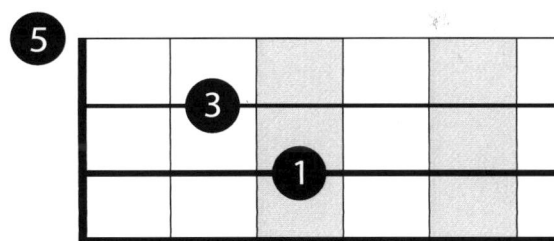

Stufe VII in E-Moll

Weiße Töne = Dreiklangstöne

Dreiklang D-Dur

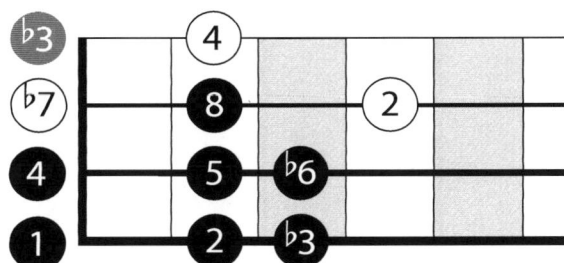

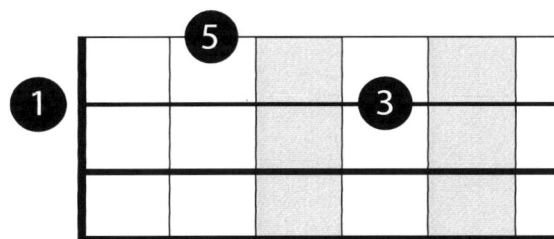

Wir können eine Regel ableiten, die für **alle (reinen) Moll-Tonleitern** gilt:

Stufen der Moll-Tonleiter:	I	II	III	IV	V	VI	VII
Dreiklang:	moll	vermindert	Dur	moll	moll	Dur	Dur

B11.6 Dreiklänge auf allen Stufen der Tonart E-Moll

Vergleiche die Stufenakkorde von G-Dur mit den Stufenakkorden von E-Moll: Beide Tonarten enthalten die gleichen Akkorde (nur in anderer Reihenfolge). Das liegt daran, dass G-Dur und E-Moll *parallele Tonleitern* sind. Sie bestehen aus den gleichen Tönen und daraus lassen sich logischerweise die gleichen Akkorde bilden. Man kann die Tonart E-Moll und ihre Stufenakkorde betrachten als die Tonleiter G-Dur, aber ab ihrem sechsten Ton, also ab dem Ton E.

Stufen von G-Dur:	I	II	III	IV	V	VI	VII					
Gemeinsame Akkorde:	G	Am	Bm	C	D	Em	F#°	G	Am	Bm	C	D
Stufen von E-Moll:						I	II	III	IV	V	VI	VII

Einen kleinen Unterschied gibt es aber dennoch zwischen den Stufenakkorden von Dur- und Moll-Tonart: In der Moll-Tonart wird auf **Stufe V**, welche eigentlich ein Moll-Dreiklang ist, meistens ein **Dur-Dreiklang** verwendet. (*siehe Erklärung im Kapitel Basslinien 8 zu B8.7*)

Das folgende Beispiel verwendet die **Akkorde E vermindert, A-Dur und D-Moll.** Sie stellen die **Stufen II, V und I** in der **Tonart D-Moll** dar. Die erste Notenzeile ist nur mit Akkordtönen gestaltet, die zweite Zeile mit der Tonleiter D-Moll, wobei wir auf Stufe V berücksichtigen müssen, dass der Dreiklang A-Dur den Ton C♯ enthält, welcher in der reinen Tonleiter D-Moll nicht vorkommt.

B11.7 Anwendung Dreiklänge und Tonleiter E29

HIER SPIELT DIE MUSIK

☐ **B8.2 Play-Along** – Erfinde eine Basslinie mit der Pentatonik B-Moll.

☐ **B8.2 Play-Along** – Erfinde eine Basslinie mit der Blues-Tonleiter B. Füge weitere chromatische Töne hinzu.

☐ **B9.3 Play-Along** – Erfinde eine Basslinie, welche auf der Pentatonik jedes einzelnen Akkordes basiert. Beachte, dass sowohl Moll- als auch Dur-Akkorde vorkommen!

☐ **B7.4 Play-Along** – Erfinde eine Basslinie, welche auf der Pentatonik jedes einzelnen Akkordes basiert. Spiele im letzten Takt ein Fill mit der Pentatonik A-Moll oder der Blues-Tonleiter A.

☐ **B11.7 Play-Along** – Spiele einen Wechselbass. Beachte dabei die verminderte Quinte im Akkord E vermindert!

☐ **Vervollständige und spiele die Stufenakkorde der Tonart A-Moll:**

B11.8 Stufenakkorde der Tonart A-Moll

SOLOS 11
MOLL-PENTATONIK, BLUES-TONLEITER, PARALLELE PENTATONIKEN

Die Griffbilder der **Moll-Pentatonik** lassen sich problemlos in die hohe Oktave übertragen.

Griffbild Pentatonik A-Moll (akademisch)

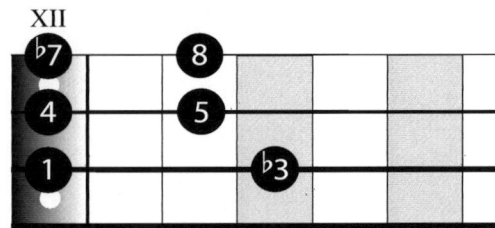

Griffbild Pentatonik A-Moll (rechteckig | erweitert)
Grundton auf der A-Saite   **Grundton auf der E-Saite**

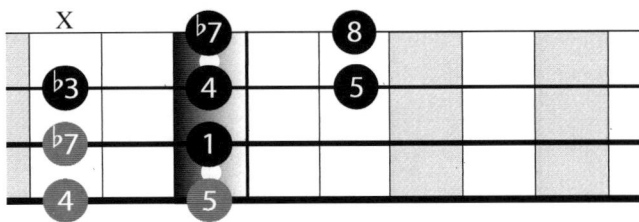

Das folgende Beispiel verwendet in der ersten Notenzeile die *akademische* Griffweise und ab der
zweiten Zeile die *rechteckige* Griffweise. Durch das Hinzufügen der *verminderten Quinte* wird die
Moll-Pentatonik jederzeit zur Blues-Tonleiter. Da aber die verminderte Quinte in der reinen Moll-
Tonart nicht vorkommt, kennzeichne ich sie mit „**chr**" als chromatischen Ton, ebenso wie die anderen
chromatischen Töne.

S11.1 Anwendung Moll-Pentatonik und Blues-Tonleiter E26

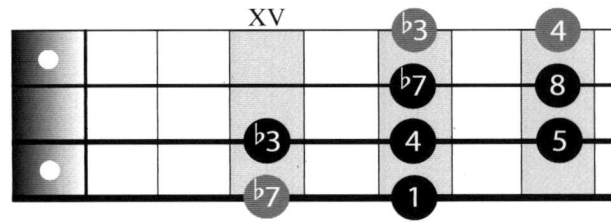

S11.2 zeigt die Möglichkeit, jedem Akkord eine eigene Pentatonik zuzuordnen, in diesem Fall also für den Akkord A-Moll die Pentatonik A-Moll, und für den Akkord E-Moll die Pentatonik E-Moll.

S11.2 Anwendung Pentatonik des jeweiligen Akkordes E27

Obwohl parallele Pentatoniken aus denselben Tönen bestehen, können sie für ein Solo nützlich sein. Angenommen du hast das Gefühl, dich mit der Pentatonik A-Moll „im Kreis zu drehen", dann kann ein Wechsel zur parallelen Pentatonik C-Dur neue Ideen bringen. Letztlich ist es ein psychologischer Trick, da wir auf das gleiche Notenmaterial zurückgreifen, aber genau diese Tricks werden oft und gern als Inspirationsquelle genutzt.

S11.3 Anwendung parallele Pentatonik (C-Dur über A-Moll) E26

Das folgende Beispiel enthält alle sieben Stufenakkorde der Tonart E-Moll. Ich wiederhole mehrfach eine kleine Melodie aus der Tonleiter E-Moll, um zu zeigen, wie eine einzige Tonleiter über alle diese Stufenakkorde funktioniert.

S11.4 Tonleiter E-Moll, über alle Stufenakkorde der Tonart E-Moll

Die meisten Akkordfolgen in Moll-Tonarten verwenden auf der **Stufe V** jedoch einen **Dur-Dreiklang**. Im folgenden Beispiel stellen die **Akkorde E vermindert, A-Dur und D-Moll** die **Stufen II, V und I** in der **Tonart D-Moll** dar. Der Dreiklang A-Dur (Stufe V) enthält den Ton C♯, welcher nicht in der Tonart D-Moll vorkommt. Wie in anderen Kapiteln zuvor, werden wir also während des Akkordes A-Dur weiterhin die reine Tonleiter D-Moll benutzen, aber darin den Ton C durch ein C♯ ersetzen, zumindest in der ersten Notenzeile von **S11.5**.

In der zweiten Zeile hingegen habe ich die **Pentatonik D-Moll** angewendet, ohne auf den Akkord A-Dur mit seinem Ton C♯ Rücksicht zu nehmen. Die Pentatonik D-Moll enthält aber den Ton C. Die Dissonanz zwischen dem C♯ als Akkordton und dem C als Solo- oder Melodieton funktioniert jedoch sehr gut in Stilen wie Blues, Jazz oder Funk. Es handelt sich hierbei um eine weitere *blue note*, also einen jener Töne, welche leicht dissonant klingen und aus der Melancholie des Blues' stammen, aber von Musikern auch in anderen Stilen bewusst eingesetzt werden.

Merke: **Über einen Dur-Akkord funktioniert in der Melodie (oder im Solo) auch die kleine Terz, und zwar als *blue note*.** Sie sorgt für eine leichte Dissonanz, welche von vielen Musikern bewusst angestrebt wird. Aus diesem Grund kann die Moll-Pentatonik nicht nur über Moll-Akkorde, sondern auch über manche Dur-Akkorde angewendet werden, besonders dann, wenn es sich bei dem Dur-Akkord um die Stufe V der Tonart handelt.

S11.5 Anwendung Tonleiter D-Moll und Pentatonik D-Moll E29

HIER SPIELT DIE MUSIK

☐ **S8.1 Play-Along** – Improvisiere mit der Pentatonik B-Moll oder der Blues-Tonleiter B.

☐ **S8.1 Play-Along** – Improvisiere mit der parallelen Pentatonik D-Dur.

☐ **S9.2 Play-Along** – Improvisiere mit der Pentatonik des jeweiligen Akkordes. Beachte dass sowohl Dur- als auch Moll-Akkorde vorkommen!

☐ **S11.2 Play-Along** – Improvisiere nur mit der Pentatonik A-Moll.

☐ **S11.4 Play-Along** – Improvisiere nur mit der Pentatonik E-Moll.

☐ **S11.4 Play-Along** – Improvisiere nur mit der parallelen Pentatonik G-Dur.

☐ **S6.2 Play-Along** – Improvisiere nur mit der Pentatonik F-Moll. Welche Stufen stellen die Akkorde in der Tonart F-Moll dar?

☐ **S6.2 Play-Along** – Improvisiere nur mit der Pentatonik B♭-Moll. Welche Stufen stellen die Akkorde in der Tonart B♭-Moll dar?

☐ **D13.7** – Improvisiere mit der Moll-Pentatonik oder Blues-Tonleiter in der Tonart der jeweiligen Notenzeile.

AKKORDE 11
STUFENAKKORDE IN MOLL-TONART

Das folgende Beispiel enthält alle **Stufenakkorde** der Tonart **E-Moll** in Form von Dreiklängen mit Oktaven. Es handelt sich um die gleichen Akkorde wie in der parallelen Tonart G-Dur (*siehe Kapitel Akkorde 10*, **A10.2**). Auch diesmal sollen die eingeklammerten Grundtöne weggelassen werden, zumindest in der Wiederholung. Der Grundton bleibt zwar in Form der Oktave im Akkord erhalten, ist nun aber der höchste Ton, während die Terz der tiefste Ton ist. Es entsteht ein Klang, welcher durch die Reduzierung auf weniger Töne mehr Raum lässt und unter Umständen besser geeignet sein kann als ein Akkordgriff mit vielen Tönen.

A11.1 Stufenakkorde in der Tonart E-Moll E28

A11.2 enthält in der ersten Notenzeile den ersten Dreiklang (**E vermindert**) in Grundstellung, den nächsten Dreiklang (**A-Dur**) mit oktavierter Terz und den letzten Dreiklang (**D-Moll**) mit Oktave. Die zweite Zeile zeigt genau dieselben Töne, nur dass die Grundtöne weggelassen werden. In der letzten Zeile habe ich im letzten Akkord (**D-Moll**) die Terz durch die Quinte ersetzt; man könnte das auch als einen „Power-Akkord mit Oktave ohne Grundton" ansehen. Somit bietet die letzte Notenzeile eine besonders kompakte Stimmführung, in welcher sich die Greifhand nur minimal bewegen muss, um von einem Akkord zum nächsten zu gelangen. Letztlich sind alle diese Entscheidungen Geschmacksfragen, also Ohren aufsperren!

A11.2 Stufen II, V, I in der Tonart E-Moll   E29

HIER SPIELT DIE MUSIK

☐ **A3.3 Play-Aong** – Lasse die Grundtöne weg.

☐ **A4.2 Play-Aong** – Lasse die Grundtöne weg.

☐ **A7.3 Play-Aong** – Lasse die Grundtöne weg.

☐ **A8.1 Play-Aong** – Lasse den Grundton weg.

☐ **A9.2 Play-Aong** – Lasse die Grundtöne weg.

☐ **A10.1 Play-Aong** – Lasse die Grundtöne weg.

☐ **A11.3 Play-Along** – Spiele alle Stufenakkorde der Tonart A-Moll. Verwende und kombiniere dabei die Griffweisen, die dir am sinnvollsten und bequemsten erscheinen.

BASSLINIEN 12
MISCHUNG VON TONARTEN („MODAL INTERCHANGE"), VIERKLÄNGE (SEPTAKKORDE), STUFEN-SEPTAKKORDE

An diesem Punkt des Buches haben wir uns durch alle Dur- und Moll-Tonleitern gespielt und alle Stufenakkorde in Dur- und Moll-Tonart kennengelernt und angewendet. Dieses Kapitel gibt einen Ausblick darauf, wie in einer Akkordfolge Tonarten gemischt werden können und wie Akkorde aussehen, die aus mehr als drei Tönen gebildet werden.

Das Vermischen von Tonarten ist ein beliebtes Mittel, um eine Akkordfolge interessanter zu gestalten. In der Fachsprache ist dann oft von dem englischen Begriff *modal interchange* die Rede, was vereinfacht gesagt bedeutet, dass Akkorde aus einer Tonart mit Akkorden aus einer anderen Tonart kombiniert werden. Unter Jazz-Musikern sehr beliebt, machte aber auch schon eine der ältesten und erfolgreichsten Rockbands, **The Beatles**, von dieser Methode ausgiebig Gebrauch.

Die Akkorde in **B12.1** lassen sich nicht auf die Stufen einer einzigen Tonart zurückführen. Vielmehr wurden hier Akkorde aus der Tonart C-Dur mit Akkorden aus der Tonart C-Moll gemischt. Sehen wir uns diese beiden Tonarten an:

Stufenakkorde in C-Dur

I	II	III	IV	V	VI	VII
C	Dm	Em	F	G	Am	B⁰

Stufenakkorde in C-Moll (rein)

I	II	III	IV	V	VI	VII
Cm	D⁰	E♭	Fm	Gm	A♭	B♭

Daraus folgt, dass die ersten beiden **Akkorde von B12.1 C-Dur und A-Moll** die **Stufen I und VI** aus der **Tonart C-Dur** sind, während die nächsten beiden **Akkorde A♭-Dur und B♭-Dur** die **Stufen VI und VII** aus der **Tonart C-Moll** darstellen. Wir befinden uns also zwei Takte lang in der Tonart C-Dur, und die folgenden zwei Takte in der Tonart C-Moll.

Um eine Basslinie zu erstellen, können wir wie in der ersten Notenzeile von **B12.1** auf Akkordtöne zurückgreifen. Dieses Mittel lässt uns nie im Stich und ist völlig unabhängig von der Tonart. In der zweiten Zeile verwende ich Tonleitern, um die Grundtöne miteinander zu verbinden. Dazu benutze ich in den ersten beiden Takten die Tonleiter C-Dur, und in den nächsten beiden Takten die Tonleiter C-Moll. In der letzten Zeile kommt schließlich eine fortgeschrittene Methode zum Einsatz: Jeder Akkord wird mit seiner eigenen Pentatonik bedacht, also der Akkord C-Dur mit der Pentatonik C-Dur, der Akkord A-Moll mit der Pentatonik A-Moll, der Akkord A♭-Dur mit der Pentatonik A♭-Dur, und der Akkord B♭-Dur mit der Pentatonik B♭-Dur.

Solltest du weiteres Interesse daran haben, wie man jedem Akkord eine eigene Skala zuordnen kann, so empfehle ich dir die Beschäftigung mit den Kirchentonleitern (Modi) und der Jazz-Harmonik, beispielsweise mit meinem Buch **Garantiert Walking Bass lernen**.

B12.1 Akkordfolge mit zwei Tonarten (Modal Interchange)

Hier sind einige bekannte Songs, in denen *Modal Interchange* vorkommt:

- *Hey Jude* von den **Beatles**: Der Song steht in der Tonart F-Dur, aber im Schlussteil „*Na na na …*" kommt der Akkord Eb-Dur vor, welcher die Stufe VII der Tonart F-Moll ist.

- *Lithium* von **Nirvana**: Die Strophe und der Refrain stehen in der Tonart D-Dur, aber die Akkorde Bb-Dur und C-Dur sind die Stufen VI und VII aus der Tonart D-Moll.

- *Mad World* von **Gary Jules**: Der Song steht in der Tonart E-Moll, aber der Akkord A-Dur ist die Stufe IV der Tonart E-Dur.

VIERKLÄNGE (SEPTAKKORDE)

Wenn man einem Dreiklang eine Note hinzufügt, erhält man einen *Vierklang*. Sehen wir uns den Vierklang an, welcher der Dur-Tonleiter entstammt: Vom Grundton ausgehend, überspringen wir immer einen Ton in der Leiter, um zum nächsten Akkordton zu gelangen. Zum Dreiklang, welcher aus dem ersten, dritten und fünften Ton besteht, kommt so nun der *siebte Ton* der Leiter hinzu: In diesem Fall eine *große Septime*.

Einen solchen Akkord, bestehend aus Dur-Dreiklang und großer Septime, nennt man **Großen Septakkord**. In Akkordschrift wird er meistens mit den Symbolen **maj7** (aus dem Englischen *major 7* = große Septime) oder **Δ** dargestellt.

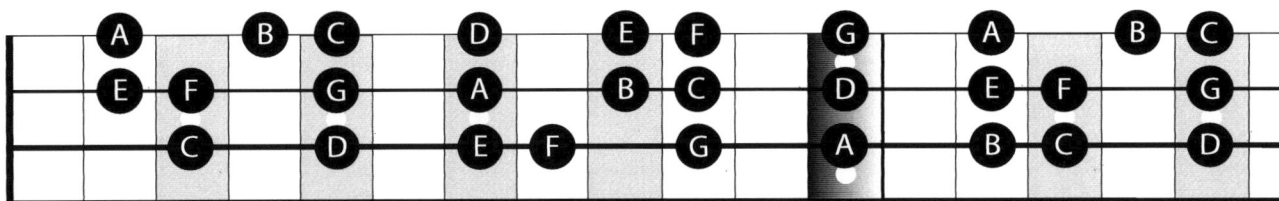
Griffbild C^{MAJ7}

Das Gleiche machen wir mit der Moll-Tonleiter: Vom Grundton ausgehend, überspringen wir immer einen Ton. Wir erhalten einen Moll-Dreiklang und eine *kleine Septime*. Dieser Akkord heißt **Moll-Septakkord** und wird meist mit den Symbolen **m^7** („m" für englisch *minor* oder deutsch „moll") oder **–^{7}** dargestellt.

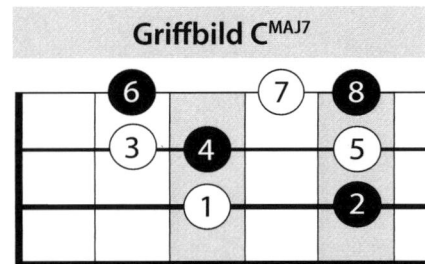
Griffbild Cm^7

Wenn wir nun einen Dur-Dreiklang mit einer *kleinen Septime* kombinieren, erhalten wir einen **Dominant-Septakkord**. Dieser entstammt der **Stufe V** der Dur-Tonleiter, wie wir gleich sehen werden. Er wird einfach mit der hochgestellten Ziffer **7** dargestellt.

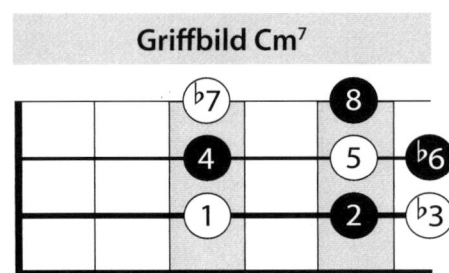
Griffbild C^7

Wenn wir einen *verminderten Dreiklang* um eine *kleine Septime* erweitern, gelangen wir zu einem **halbverminderten Septakkord**. Dieser Akkord entspringt der **Stufe VII** der Dur-Tonleiter, wie wir ebenfalls gleich sehen werden. Er wird dargestellt mit den Symbolen **m$^{7(\flat5)}$** („♭5" steht für die verminderte Quinte) oder **Ø**.

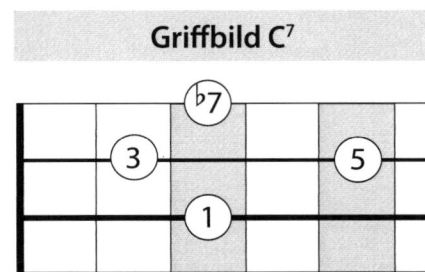
Griffbild Cm$^{7(\flat5)}$

Da alle diese Vierklänge eine Septime enthalten, nennt man sie auch **Septakkorde**.

Nun werden wir in der Tonart C-Dur auf jeder Stufe einen diatonischen Septakkord bilden. Diatonisch bedeutet, dass nur Töne aus der Tonart verwendet werden. Zunächst sollten wir uns darüber im Klaren sein, wo die Töne der Tonart C-Dur auf dem Griffbrett liegen – zumindest auf den oberen drei Saiten, welche ich dafür nutzen will.

Töne der Tonart C-Dur auf dem Griffbrett (oberste drei Saiten)

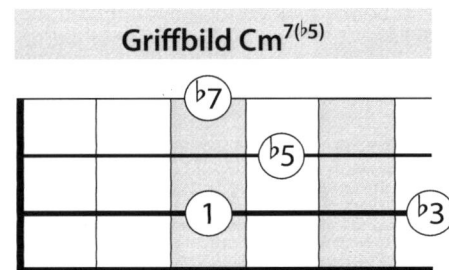

Jetzt schauen wir, welche Art Septakkord auf jeder einzelnen Stufe entsteht:

Stufe I:
C^MAJ7

Stufe II:
Dm^7

Stufe III:
Em^7

Stufe IV:
F^MAJ7

Stufe V:
G^7

Stufe VI:
Am^7

Stufe VII:
Bm^7 (♭5)

Stufe VIII:
C^MAJ7

In der folgenden Übung werden alle Stufen-Septakkorde der Tonart C-Dur gespielt.

B12.2 Stufen-Septakkorde in der Tonart C-Dur

Wenn wir die Stufen-Septakkorde der Dur-Tonart kennen, dann kennen wir sie auch von der *parallelen Moll-Tonart*, da parallele Tonarten immer die gleichen Töne enthalten.

Stufen von C-Dur:	I	II	III	IV	V	VI	VII					
Septakkorde:	C^{MAJ7}	Dm^7	Em^7	F^{MAJ7}	G^7	Am^7	Bm$^{7(\flat5)}$	C^{MAJ7}	Dm^7	E(m)^7	F^{MAJ7}	G^7
Stufen von A-Moll:						I	II	III	IV	V	VI	VII

Für die Stufe V der Moll-Tonart habe ich das „m" *in Klammern* gesetzt: Meistens wird für Akkordfolgen in Moll-Tonarten auf dieser **Stufe V** ein **Dur-Akkord** verwendet. Die kleine Septime bleibt bestehen, sodass wir es hier mit dem Akkord E^7 zu tun haben, oder allgemein gesprochen: mit einem **Dominant-Septakkord**.

Unser Beispiel geht von C-Dur und der parallelen Tonart A-Moll aus, aber in allen Tonarten ist die Reihenfolge dieser Stufen-Septakkorde dieselbe.

Das folgende Beispiel steht in der ersten Notenzeile in der Tonart C-Dur:

Die **Akkorde Dm^7, G^7, C^{MAJ7}, F^{MAJ7}** sind die **Stufen II, V, I, IV.**

Die zweite Zeile wechselt zur Tonart A-Moll: Die **Akkorde Bm$^{7(\flat 5)}$, E^7, Am^7** sind die **Stufen II, V, I.**

Da beide Tonarten parallel zueinander sind, könnte man die Akkordfolge auch so analysieren, dass man nur die Tonart A-Moll zugrunde legt. Jede Stufe würde somit einmal vorkommen:

Stufen:	**IV**	**VII**	**III**	**VI**	**II**	**V**	**I**
Akkorde:	Dm^7	G^7	C^{MAJ7}	F^{MAJ7}	Bm$^{7(\flat 5)}$	E^7	Am^7

B12.3 Septakkorde

Swing

weniger Leersaiten

Die Akkordfolge aus **B12.3** ist auch die Grundlage für den bekannten Jazz-Standard *Autumn Leaves*, nur dass dieser im Original in der Tonart G-Moll steht.

Das letzte Beispiel für Basslinien in diesem Buch *kombiniert* Akkordtöne mit der Tonleiter (A-Moll oder parallel C-Dur) und einigen chromatischen Tönen. Das Ergebnis ist eine **Walking Bass-Linie**, die typisch für den Jazz ist, im Besonderen für den Swing. Jazz-Bassisten improvisieren solche Linien spontan, sodass der Walking Bass bei jeder Probe und bei jedem Konzert anders ist. Aber egal ob Pop oder Jazz, die Zutaten sind immer die gleichen: **Akkorde, Tonleitern, Chromatik.** Töne aus der Tonleiter sind mit „**T**" gekennzeichnet, chromatische Töne mit „chr". Zum Thema Walking Bass erlaube ich mir an dieser Stelle nochmals eine Empfehlung für mein Buch **Garantiert Walking Bass lernen.**

B12.4 Walking Bass „mit allen Zutaten": Akkordtöne, Tonleiter, Chromatik

HIER SPIELT DIE MUSIK

Für alle Übungen mit Walking Bass gilt:
Verwende zunächst nur Akkordtöne, danach Töne aus der Tonart und zuletzt Chromatik.

☐ **B2.7 Play-Along** – Notiere über dieser Übung mit Bleistift die Septakkorde G^MAJ7 und C^MAJ7 und erfinde eine Walking Bass-Linie dazu (Tonart G-Dur).

☐ **B2.7 Play-Along** – Ändere mithilfe eines Radiergummis die Akkorde zu G⁷ und C^MAJ7 und erfinde eine Walking Bass-Linie dazu (Tonart C-Dur).

☐ **B4.7 Play-Along** – Notiere über dieser Übung die Septakkorde C^MAJ7, F^MAJ7, G⁷ und erfinde eine Walking Bass-Linie dazu (Tonart C-Dur).

☐ **B11.7 Play-Along** – Notiere über dieser Übung die Septakkorde Em^7(♭5), A⁷, Dm⁷ und erfinde eine Walking Bass-Linie dazu (Tonart D-Moll).

SOLOS 12
MISCHUNG VON TONARTEN („MODAL INTERCHANGE")

Wenn in einer Akkordfolge mehrere Tonarten vorkommen, müssen wir dem in unserem Solo Rechnung tragen. Das folgende Beispiel steht in den ersten zwei Takten in der **Tonart C-Dur (Akkorde C-Dur und A-Moll = Stufen I und VI)** und in den folgenden zwei Takten in der **Tonart C-Moll (Akkorde Ab-Dur und Bb-Dur = Stufen VI und VII)**. Daher ist es das Nächstliegende, in einem Solo zuerst zwei Takte lang auf die Tonleiter C-Dur zurückzugreifen, und danach zwei Takte lang auf die Tonleiter C-Moll. In **S12.1** geht es zunächst nur darum, die Tonleitern zu üben und „unter die Finger" zu bekommen. **S12.2** ist dann ein Beispiel dafür, wie man die Tonleitern melodisch und rhythmisch frei einsetzen kann.

S12.1 Übung Tonleitern C-Dur und C-Moll

S12.2 Anwendung Tonleitern C-Dur und C-Moll

Bislang haben wir die Tonleitern C-Dur und C-Moll verwendet. Dabei ist praktisch, dass der Grundton der Tonart gleich bleibt und wir nur die Tonleiter wechseln müssen von Dur nach Moll. Ein anderes Konzept macht das Gegenteil: Wenn wir die **Tonleiter C-Moll** ersetzen durch die **parallele Tonleiter Eb-Dur**, nutzen wir in den ersten zwei Takten die Leiter C-Dur, und danach zwei Takte lang die Leiter Eb-Dur. Wir verwenden also über die ganze Zeit eine Dur-Tonleiter und verändern nur den Grundton von C nach Eb.

S12.3 Anwendung Tonleitern C-Dur und Eb-Dur

Im folgenden Beispiel ersetze ich die **Tonleiter C-Dur** durch die **parallele Tonleiter A-Moll**. Wir benutzen zwei Takte lang die Leiter A-Moll, und daraufhin zwei Takte lang die Leiter C-Moll. Außerdem möchte ich diesmal die Tonleiter durch die Pentatonik ersetzen: Wir verwenden also durchgehend die Moll-Pentatonik und verändern nur den Grundton von A nach C.

S12.4 Anwendung Pentatoniken A-Moll und C-Moll E30

S12.5 enthält alle Stufen-Septakkorde der Tonart A-Moll. Spiele zunächst nur die Tonleiter A-Moll hinauf und hinunter, um zu hören, wie diese Leiter mit den Akkorden harmoniert.

S12.5 Übung Tonleiter A-Moll

S12.6 verwendet die Tonleiter nun für ein „richtiges" Solo: Je mehr rhythmische und melodische Abwechslung wir hineinbringen, desto weniger klingt es nach einer Tonleiter-Übung. Während des Akkordes E^7 (Stufe V) benutze ich bewusst den Ton G$\sharp$, welcher im Akkord enthalten ist, nicht jedoch in der Tonart.

S12.6 Anwendung Tonleiter A-Moll

HIER SPIELT DIE MUSIK

☐ **B2.7** – Notiere mit Bleistift die Akkorde G^{MAJ7} und C^{MAJ7} (= Stufen I und IV).
Improvisiere mit der Tonleiter G-Dur und mit der parallelen Tonleiter E-Moll.

☐ **B2.7** – Ändere mithilfe eines Radiergummis die Akkorde zu G^7 und C^{MAJ7} (= Stufen V und I).
Improvisiere mit der Tonleiter C-Dur und mit der parallelen Tonleiter A-Moll.

☐ **B9.3 Play-Along** – Notiere mit Bleistift die Akkorde G$\sharp$m^7, B^{MAJ7}, C$\sharp$m^7 (Stufen I, III, IV).
Improvisiere mit der Tonleiter G$\sharp$-Moll und mit der parallelen Tonleiter B-Dur.

☐ **B9.3 Play-Along** – Ändere die Akkorde in G$\sharp$m^7, B^7, C$\sharp$m^7 (Stufen III, V, VI).
Improvisiere mit der Tonleiter E-Dur und mit der parallelen Tonleiter C$\sharp$-Moll.

AKKORDE 12
STUFEN-SEPTAKKORDE, SEPTAKKORD MIT OKTAVIERTER TERZ

In diesem Kapitel lernen wir zunächst weitere Möglichkeiten kennen, Akkorde ohne Grundtöne zu greifen. Zum Schluss erweitern wir unser Akkordwissen um Septimen, um Septakkorde zu spielen.

A12.1 Dreiklang mit Oktave E30

Die exakt gleichen Töne aus **A12.1** kommen wieder in **A12.2** vor. Allerdings habe ich in der ersten Notenzeile den Rhythmus verändert und die Grundtöne in Klammern gesetzt. In der zweiten Zeile habe ich andere Griffweisen kombiniert: Für den ersten Takt einen Power-Akkord mit Oktave, für die restlichen Takte Dreiklänge mit oktavierten Terzen. Auch hier sind die Grundtöne eingeklammert. Versuche also, die gleichen Akkorde auch ohne Grundtöne zu spielen.

A12.2 Kombinationen E30

SEPTAKKORDE

Um Septakkorde auf dem Bass zu spielen, gehe ich von einem Dreiklang mit Oktave aus und ersetze die Oktave durch die jeweilige Septime.

Ein **GROSSER SEPTAKKORD** besteht aus einem Dur-Dreiklang mit **großer Septime**. Die große Septime befindet sich einen Halbton (einen Bund) vor der Oktave. Der *Grundton* wird mit **Finger 2** gegriffen, die *große Septime* entweder mit **Finger 3** oder **Finger 4**. Die *Quinte* wird von den meisten Musikern als unwichtigster Ton im Septakkord betrachtet, weil sie den Klang weniger stark beeinflusst als Terz und Septime. Da wir auf dem Bass aus technischen und akustischen Gründen nicht allzu viele Töne gleichzeitig greifen können, ist die Quinte typischerweise der Ton, der am ehesten weggelassen wird.

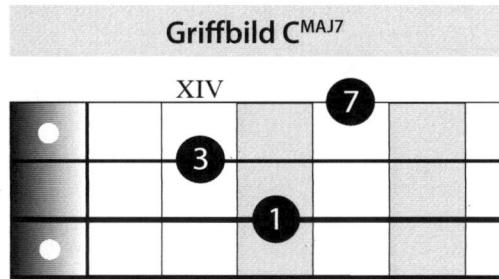

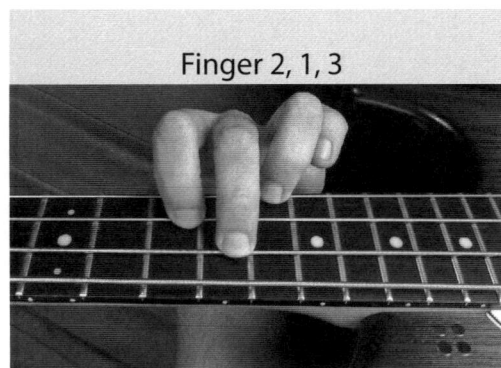

Griffbild C^MAJ7

Griffweise C^MAJ7

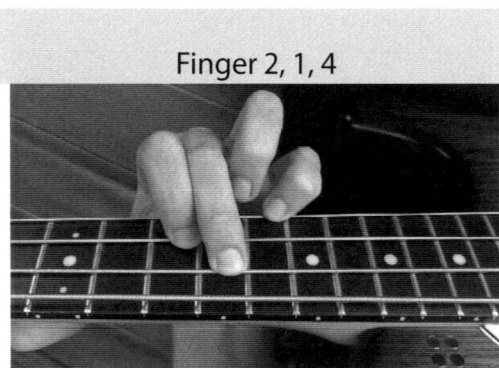

Finger 2, 1, 3	Finger 2, 1, 4

Der **DOMINANT-SEPTAKKORD** enthält einen Dur-Dreiklang und eine **kleine Septime**. Die kleine Septime befindet sich einen Ganzton (zwei Bünde) vor der Oktave, aber einfacher finde ich die Betrachtung, dass sie im gleichen Bund liegt wie der Grundton, nur eben zwei Saiten höher.

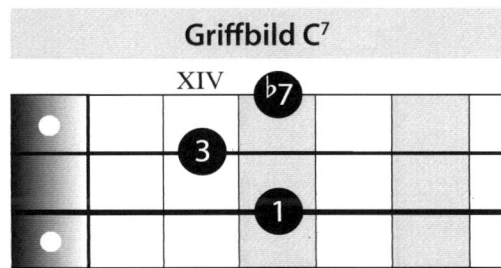

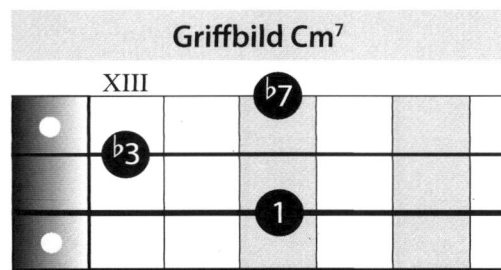

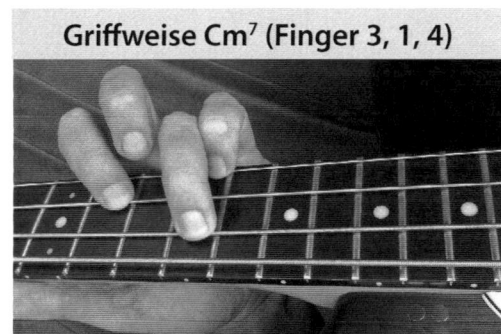

Griffbild C^7

Griffweise C^7 (Finger 2, 1, 3)

Griffbild Cm^7

Der **MOLL-SEPTAKKORD** besteht aus einem Moll-Dreiklang mit **kleiner Septime**. Typischerweise wird der *Grundton* mit **Finger 3** gegriffen, die *kleine Septime* mit **Finger 4**. Eine Alternative stellt die Griffweise mit **Finger 2** auf dem Grundton und **Finger 3** auf der Septime dar.

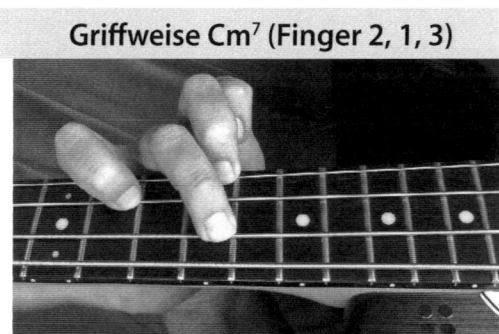

Griffweise Cm^7 (Finger 3, 1, 4)

Griffweise Cm^7 (Finger 2, 1, 3)

Der **HALBVERMINDERTE SEPTAKKORD** ähnelt dem Moll-Septakkord, enthält aber eine **verminderte Quinte**. Eine verminderte Quinte klingt für die meisten Musiker viel interessanter als die normale reine Quinte. Dennoch lasse ich auch die verminderte Quinte meistens weg und verwende einfach die gleichen Griffbilder wie für den Moll-Septakkord. Probiere aber ruhig aus, wie dieser Akkord mit der verminderten Quinte klingt. Leider müssen wir dafür die Terz opfern. Die alternative Griffweise enthält einen **Barré-Griff**, bei welchem der **Finger 1** mehrere Saiten gleichzeitig niederdrückt.

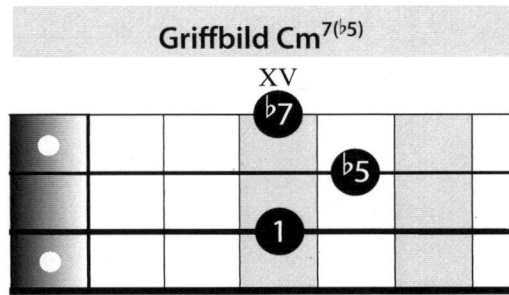

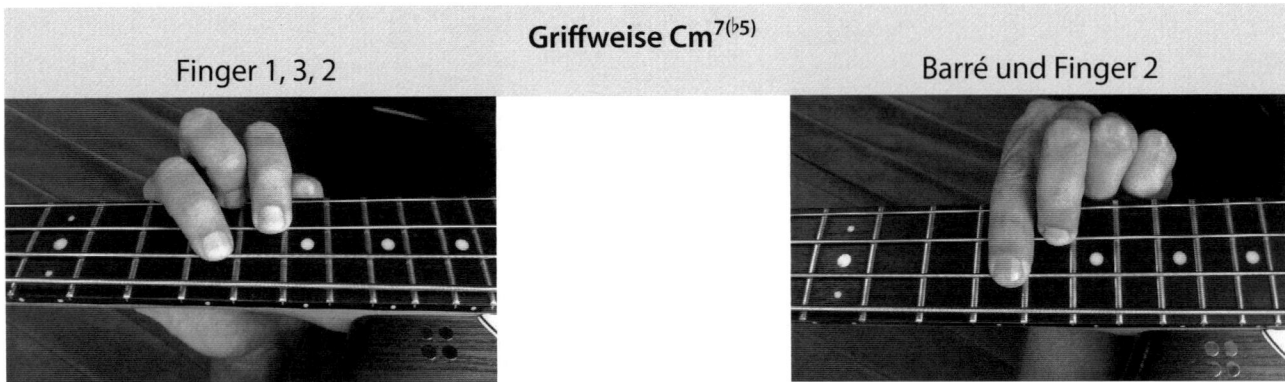

Griffbild Cm$^{7(\flat 5)}$

Griffweise Cm$^{7(\flat 5)}$

Finger 1, 3, 2 — Barré und Finger 2

Nun müssen wir nur die Griffe auf die jeweiligen Septakkorde übertragen:

A12.3 Septakkorde

Genau wie bei den Dreiklängen, so können wir auch bei Septakkorden die *Terz oktavieren*. Das funktioniert allerdings nur, wenn der Grundton auf der E-Saite liegt.

Beim **GROSSEN SEPTAKKORD** ergibt sich ein Griffbild, bei welchem die Septime und die oktavierte Terz im *gleichen Bund* liegen.

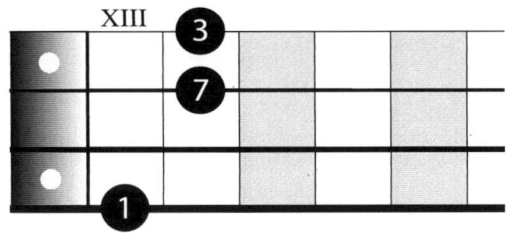

Griffbild F^MAJ7 (mit oktavierter Terz)

Griffweise F^MAJ7 (mit oktavierter Terz)

Finger 1, 3, 4

Finger 1, 2, 3

Beim **DOMINANT-SEPTAKKORD** liegen die Septime und die oktavierte Terz in *verschiedenen Bünden*.

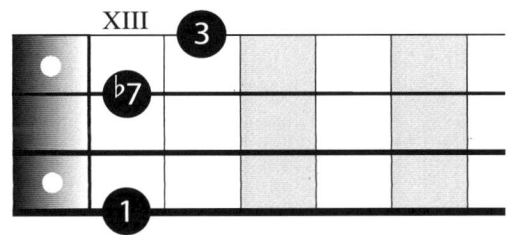

Griffbild F^7 (mit oktavierter Terz)

Griffweise F^7 (mit oktavierter Terz)

Finger 1, 2, 4

Finger 1, 2, 3

Das Griffbild des **MOLL-SEPTAKKORDES** lässt sich besonders leicht einprägen, da Grundton, Septime und oktavierte Terz im *gleichen Bund* liegen.

Griffbild Fm⁷ (mit oktavierter Terz)

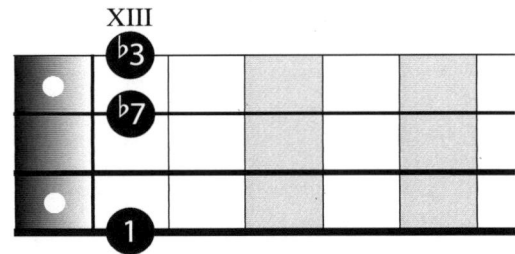

Griffweise Fm⁷ (mit oktavierter Terz)

Finger 1, 2, 3   Barré-Griff

Die oktavierte Terz gibt uns nun beim **HALBVERMIN-DERTEN SEPTAKKORD** die Möglichkeit, Terz und Quinte gleichzeitig zu spielen. Dafür müssen wir entweder alle vier Finger der Greifhand einsetzen oder einen Barré-Griff. Meist ist mir das zu aufwendig und ich lasse die Quinte einfach weg. Probiere es dennoch aus!

Griffbild Fm⁷⁽♭⁵⁾ (mit oktavierter Terz)

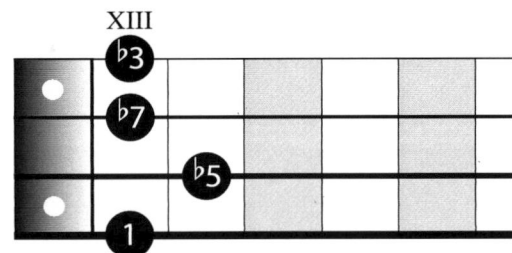

Griffweise Fm⁷⁽♭⁵⁾ (mit oktavierter Terz)

Finger 1, 4, 2, 3   Barré-Griff und Finger 2

Das folgende Beispiel verwendet die normalen Griffe, wenn sich der Grundton des Akkordes auf der A-Saite befindet, und Griffe mit oktavierter Terz, wenn der Grundton auf der E-Saite liegt.

A12.4 Septakkord, Septakkord mit oktavierter Terz

Das letzte Beispiel dieses Buches verwendet die gleichen Griffweisen, diesmal aber umgekehrt: Der erste Akkord wird mit oktavierter Terz gegriffen, der zweite Akkord normal und so fort. Sollte dein Bass weniger als 22 Bünde haben oder sich Bund 22 nur sehr schwierig greifen lassen, empfehle ich, die ersten beiden Takte eine Oktave tiefer zu spielen (Grundtöne in Bund 10).

Versuche auch hier, die Grundtöne wegzulassen. Die Beispiele **A12.4** und **A12.5** können beliebig miteinander kombiniert werden. Probiere es aus!

A12.5 Septakkord, Septakkord mit oktavierter Terz

HIER SPIELT DIE MUSIK

☐ **A10.2 Play-Along** – Harmonisiere die Tonart G-Dur mit Septakkorden und spiele sie.

☐ **A11.1 Play-Along** – Harmonisiere die Tonart E-Moll mit Septakkorden und spiele sie.

Wende auf folgende Beispiele die jeweils notierten Septakkorde an. Beachte, dass für die mit * markierten Beispiele wirklich nur die Play-Alongs funktionieren, da die Basslinien teilweise auf anderen Tonarten basieren!

☐ **B1.13** – C^7

☐ **A2.1 Play-Along** – C^{MAJ7}

☐ **A8.1 Play-Along** – Bm^7

☐ **A4.2 Play-Along** – C^{MAJ7}, F^{MAJ7}, G^7

☐ **B4.7 Play-Along*** – C^7, F^7, G^7

☐ **A5.1 Play-Along** – E^7, D^{MAJ7}

☐ **A5.2 Play-Along** – B^7, A^{MAJ7}, E^{MAJ7}

☐ **B5.4 Play-Along*** – B^7, A^7, E^7

☐ **A7.5 Play-Along** – $B\flat m^7$, Fm^7

☐ **A8.2 Play-Along** – Cm^7, Gm^7

☐ **A8.3 Play-Along** – Cm^7, G^7

☐ **A9.2 Play-Along** – $G\sharp m^7$, B^{MAJ7}, $C\sharp m^7$

☐ **B9.3 Play-Along*** – $G\sharp m^7$, B^7, $C\sharp m^7$

☐ **A10.1 Play-Along** – F^{MAJ7}, $Em^{7(\flat 5)}$, Dm^7, $B\flat^{MAJ7}$

☐ **A11.2 Play-Along** – $Em^{7(\flat 5)}$, A^7, Dm^7

☐ **D13.8** und **D13.9** – Begleite diese Drill-Übungen mit Septakkorden.

KAPITEL 13
DRILL-ÜBUNGEN

Dieses Kapitel ist der Anhang des Buches und enthält verschiedene **Drill-Übungen**. Hauptsächlich sind diese für Basslinien gedacht, können aber auch zum Üben von Akkorden und Solos genutzt werden. Die DVD enthält zu jeder Drill-Übung mehrere Play-Alongs in verschiedenen Stilen und Tempi.

Die Play-Alongs im Bossa Nova-Stil eignen sich zum Üben von *Quinten*, im Salsa-Stil für *Dreiklänge*, im Swing-Stil für *Dreiklänge und Vierklänge (Septakkorde)*, und im Rock-Stil für alles Mögliche.

Sollten die Play-Alongs anfangs zu schnell für dich sein, ist es ratsam, die Drill-Übungen zuerst ohne Begleitung zu spielen.

DUR-DREIKLÄNGE
D13.1 – jeder Takt wird wiederholt (jeder Akkord dauert zwei Takte)
D13.2 – normal

C   F   B♭   E♭

A♭   D♭   F#   B

E   A   D   G

MOLL-DREIKLÄNGE
D13.3 – jeder Takt wird wiederholt (jeder Akkord dauert zwei Takte)
D13.4 – normal

Cm   Fm   B♭m   E♭m

A♭m   D♭m   F#m   Bm

Em   Am   Dm   Gm

D13.5 DREIKLÄNGE DUR UND MOLL

Cm   F   B♭m   E♭

A♭m   D♭   F#m   B

Em   A   Dm   G#

C#m   F#   Bm   E

Am   D   Gm   C

Fm   B♭   E♭m   G

D13.6 DREIKLÄNGE DUR UND MOLL

Hinweis: Der erste Akkord jeder Notenzeile entspricht der Tonart der jeweiligen Zeile.

C	Am	Dm	G

F	Dm	Gm	C

B♭	Gm	Cm	F

E♭	Cm	Fm	B♭

A♭	Fm	B♭m	E♭

D♭	B♭m	E♭m	A♭

G♭	E♭m	A♭m	D♭

B	G♯m	C♯m	F♯

E	C♯m	F♯m	B

A	F♯m	Bm	E

D	Bm	Em	A

G	Em	Am	D

D13.7 DREIKLÄNGE DUR, MOLL, VERMINDERT
Hinweis: Der dritte Akkord jeder Notenzeile entspricht der Tonart der jeweiligen Zeile.

D°	G	Cm	B♭
A°	D	Gm	F
E°	A	Dm	C
B°	E	Am	G
F♯°	B	Em	D
C♯°	F♯	Bm	A
A♭°	D♭	G♭m	E
E♭°	A♭	D♭m	B
B♭°	E♭	A♭m	G♭
F°	B♭	E♭m	D♭
C°	F	B♭m	A♭
G°	C	Fm	E♭

SEPTAKKORDE DUR, DOMINANT, MOLL, HALBVERMINDERT
D13.8 – jeder Takt wird wiederholt (jeder Akkord dauert zwei Takte)
D13.9 – normal
Hinweis: Der dritte Akkord jeder Notenzeile entspricht der Tonart der ersten drei Takte der jeweiligen Zeile. Der letzte Akkord jeder Zeile gehört schon zur Tonart der folgenden Zeile.

Em7(♭5)	A7	Dm7	Cmaj7
Bm7(♭5)	E7	Am7	Gmaj7
F#m7(♭5)	B7	Em7	Dmaj7
C#m7(♭5)	F#7	Bm7	Amaj7
A♭m7(♭5)	D♭7	G♭m7	Emaj7
E♭m7(♭5)	A♭7	D♭m7	Bmaj7
B♭m7(♭5)	E♭7	A♭m7	G♭maj7
Fm7(♭5)	B♭7	E♭m7	D♭maj7
Cm7(♭5)	F7	B♭m7	A♭maj7
Gm7(♭5)	C7	Fm7	E♭maj7
Dm7(♭5)	G7	Cm7	B♭maj7
Am7(♭5)	D7	Gm7	Fmaj7

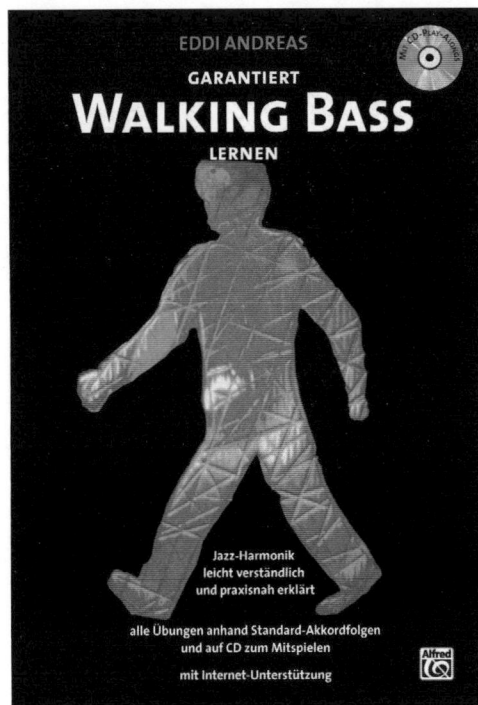

Buch & CD, DIN A4, 120 Seiten
ISBN: 978-3-933136-30-5
Art.-Nr. 20113G

Garantiert Walking Bass lernen
von Eddi Andreas

Garantiert Walking Bass lernen richtet sich an E-Bassisten und Kontrabassisten, die spielend Walking Bass lernen möchten. Schritt für Schritt wird der Leser an das Erstellen professioneller Basslinien herangeführt. Vom Deuten und Verstehen der Akkordsymbole über die Grund-lagen der Jazz-Harmonik gelangt der Leser schnell zum Ziel: der Kreation eigener Basslinien! Dabei gelingt es Autor Eddi Andreas, ein ideales Gleichgewicht zwischen Praxis und Theorie zu schaffen. Zusätzliche Drillübungen, Lead Sheets und CD-Play-Alongs gängiger Standard-Akkordfolgen liefern ausgiebiges Spielmaterial. Und die Internet-Unterstützung bietet einen weiteren Service zur Sicherung des individuellen Lernerfolgs.

Garantiert Bass lernen
Für Vier- und Fünfsaiter
von Christoph Herder

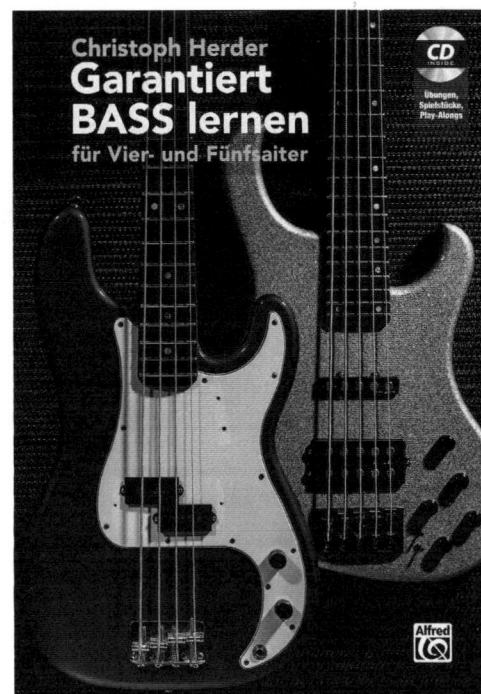

Buch & MP3-CD, DIN A4, 196 Seiten
ISBN: 978-3-943638-29-5
Art.-Nr. 20198G

Ganz ohne Vorkenntnisse kannst du mit **Garantiert Bass lernen** das E-Bassspiel auf dem Vier- und/oder Fünfsaiter erlernen. Von Anfang an werden hier mit Hilfe von **Noten, Tabulaturen, anschaulichen Griffbildern** und **Fotos** die Grundlagen für das Bassspiel gelegt. In kleinen, logisch aufeinander aufbauenden Lernschritten wirst du dir – neben Tipps zu Basskauf und Equipment – die **technischen Grundlagen** des E-Bassspiels (Haltung, Anschlag, Saitenwechsel, Greifen) und die spezielleren Spieltechniken wie **Dead Notes, Hammer Ons, Pull Offs** und **Slides** einfach erarbeiten. Schritt für Schritt geht es auf der rhythmischen Ebene von **Viertelnoten über Achtel- bis hin zu Sechzehntelnoten.** Auch **Triolen,** die **ternäre Rhythmik** und das Spiel in **verschiedenen Taktarten** gehören dazu.

Der Erwerb eines grundlegenden, harmonischen Handlungs-wissens, das notwendig ist, um **eigene Basslinien** zu bilden, steht im Vordergrund. Das reicht vom Spiel mit den reinen Grundtönen, über die Verwendung von Akkordtönen und Skalen (Dur, Moll und Pentatoniken) bis zu diatonischen und chromatischen Durchgängen.

Je zwei Spielstücke in jedem der *acht Kapitel* neben vielen Übungen und Groove-Beispielen aus ganz unterschiedlichen Stilistiken wie Rock, Pop, Funk, Soul, Blues, Rhythm & Blues, Jazz, Hip Hop, Ska, Reggae, Surf und Country und **acht Play-Alongs** zum Mitspielen, an denen du deine eigenen Ideen entwickeln kannst sowie zusätzliche **Groove Analysen** , die das das Zusammenspiel von Bass und Schlagzeug im Bandkontext beleuchten, runden das Gesamtkonzept von **Garantiert Bass lernen** schlüssig ab. **Mit Noten & Tabulatur!** Weitere Infos auf: **garantiertbass.de.**